高等院校小学教育专业课程思政规划教材

小学班级管理实务

黄培森 陈立 董光成 张腊梅 蒲云欢 ◎ 编著

西南大学出版社
国家一级出版社 全国百佳图书出版单位

图书在版编目(CIP)数据

小学班级管理实务 / 黄培森等编著. -- 重庆：西南大学出版社, 2025.4
ISBN 978-7-5697-2076-1

Ⅰ.①小… Ⅱ.①黄… Ⅲ.①小学－班级－学校管理 Ⅳ.①G622.421

中国国家版本馆CIP数据核字(2024)第080567号

小学班级管理实务
XIAOXUE BANJI GUANLI SHIWU

黄培森　陈　立　董光成　张腊梅　蒲云欢　编　著

责任编辑：张丽娜
责任校对：赵辰翔
装帧设计：闰江文化
排　　版：张　祥
出版发行：西南大学出版社（原西南师范大学出版社）
　　　　　地址：重庆市北碚区天生路2号
　　　　　邮编：400715　电话：023-68868624
经　　销：全国新华书店
印　　刷：重庆紫石东南印务有限公司
成品尺寸：185 mm×260 mm
印　　张：13
字　　数：247千字
版　　次：2025年4月　第1版
印　　次：2025年4月　第1次印刷
书　　号：ISBN 978-7-5697-2076-1
定　　价：49.00元

前　言

党的二十大报告指出,坚持以人民为中心发展教育,加快建设高质量教育体系,发展素质教育,促进教育公平,加快义务教育优质均衡发展和城乡一体化。指明了我国新时代基础教育改革的方向与重点。加快建设高质量教育体系,努力办好人民满意的教育,是社会主义现代化建设的人才保障和智力支持。高质量的基础教育发展需要打造师德高尚、素质优良、结构合理、充满活力的高质量教师队伍。教师是立教之本、兴教之源,高质量的教师队伍建设需要适应新时代专业人才培养的现实需求,着力教师职前培养、职后培训的改革,健全中国特色教师教育体系。在职前培养阶段要遵循师范生成长成才规律,改革与优化师范教育的课程体系,把教师的职业理想信念教育融入师范教育,强化师范生教学、育人等实践能力训练,提升师范类专业人才培养质量;在职后培训阶段要给教师的专业发展提供支持、帮助和引领,激发教师专业成长的内驱力,拓展教师专业发展的途径,提高教师在职培训和继续教育效益,助力教师持续、能动和自主地专业发展。

班级管理是教师与学生以班级为基础展开的双向组织活动,是学校教育实践的重要工作。优质的班级管理不仅有助于实现预期的教学目标,促进教师教学与育人能力的提升,还有助于学校建设健康积极的校园文化,助力学生自理能力的发展。班级管理能力是教师专业能力的必备要素,是教师顺利开展教学和育人等工作的前提条件。《小学教育专业认证标准(第二级)》《小学教师专业标准(试行)》《小学教育专业师范生教师职业能力标准(试行)》《教师教育课程标准(试行)》等文件均强调班级管理能力培养的重要性。在我国深化基础教育教学改革,全面培育学生核心素养的新形势下,有效提升班级管理能力,高效开展班级管理工作,提升教学和育人工作成效是教师专业发展的重要使命。教师只有主动了解我国基础教育教学改革的新动态,精准把握学生身心发展的新变化,有效掌握班级管理的知识与技能,才能更好地胜任班级管理实践工作。

  本书是在习近平新时代中国特色社会主义思想的科学指引下,全面贯彻党的教育方针,全面落实立德树人的根本任务,勇担培养新时代"大先生"的光荣使命,聚焦地方师范院校班级管理类教材中重理论轻实践、重结论轻应用、重形式轻实效的弊端,着力应用示范型课程"班级管理"建设,强化师范生应用实践能力培养探索的成果。本书主动对接小学教育专业认证的对师范生成长的核心要求,充分调研利益相关方对师范生人才培养的意见与建议,深入调查与研究新时代小学班级管理的特点与规律,紧密结合师范院校教师教育专业改革的发展趋势,聚焦小学班级管理实践工作中的常涉主题,注重提升教师从事班级管理工作的应用实践能力。本书由四川文理学院班级管理应用示范型课程组集体编写,基本框架和写作提纲由黄培森、董光成拟定,经全体编写人员共同讨论、协商后确定。本书由黄培森、陈立统稿,各章的撰写者分别是第一章(陈立)、第二章(黄培森、张腊梅)、第三章(蒲云欢)、第四章(蒲云欢)、第五章(张腊梅)、第六章(黄培森、蒲云欢)、第七章(陈立)、第八章(张腊梅、董光成)、第九章(陈立)。

  在本书的编写过程中,我们借鉴了诸多专家学者的学术论文和其他院校教材中的观点和材料,在此向有关作者致以诚挚的谢意。由于时间紧迫、水平有限,书中疏漏之处在所难免,敬请广大读者在使用过程中多提宝贵意见,以便日后修订完善。

黄培森
2023年5月

目 录

第一章　小学班级管理概述 ··· 1
- 第一节　小学班级与班级管理概述 ································ 2
- 第二节　小学班级管理的目标与内容 ······························ 9
- 第三节　小学班级管理的实施 ··································· 17

第二章　小学班级日常管理 ··· 29
- 第一节　小学班级日常行为管理 ································· 30
- 第二节　小学生发展指导 ······································· 41
- 第三节　小学班级管理中的学生评价 ····························· 51

第三章　小学班级活动管理 ··· 63
- 第一节　小学班级活动概述 ····································· 64
- 第二节　小学班级活动的形式与组织 ····························· 69

第四章　小学班级组织管理 ··· 81
- 第一节　小学班级组织建设概述 ································· 82
- 第二节　小学班级组织机构建设 ································· 85
- 第三节　小学班集体建设 ······································· 90

第五章　小学班级文化管理 ··· 101
- 第一节　小学班级文化概述 ···································· 102
- 第二节　小学班级文化建设 ···································· 106

第六章　小学班级突发事件处理 ······ 121
第一节　小学班级突发事件概述 ······ 122
第二节　小学班级突发事件的预防与处理 ······ 128

第七章　小学班级教育力量管理 ······ 135
第一节　小学班级教育力量管理概述 ······ 136
第二节　小学校内教育力量的管理 ······ 142
第三节　小学校外教育力量的管理 ······ 149

第八章　中队辅导员工作 ······ 159
第一节　中国少年先锋队概述 ······ 160
第二节　中队辅导员职责 ······ 166

第九章　小学班级管理评价 ······ 175
第一节　小学班级管理评价概述 ······ 176
第二节　小学班级管理评价的内容 ······ 179
第三节　小学班级管理评价的实施 ······ 186

参考文献 ······ 195

第一章 小学班级管理概述

>> 学习目标

1. 认识小学班级、小学班主任、小学班级管理的概念与功能。
2. 理解小学班级管理目标的概念、特点、功能、类型、制定依据与流程。
3. 掌握小学班级管理的内容。
4. 理解与运用小学班级管理的原则和方法。
5. 掌握与运用小学班级管理的操作程序。

为治理义务教育阶段长期存在的教育功利化、短视化等问题,减轻学生过重的学业负担和家庭教育支出负担,助力义务教育发展生态的持续优化。2021年7月,中共中央办公厅、国务院办公厅印发了《关于进一步减轻义务教育阶段学生作业负担和校外培训负担的意见》,正式实施"双减"政策,这对于深化新时代素质教育改革,促进学生全面发展具有重要意义。在"双减"政策背景下,许多小学为减轻家长的负担,先后开展课后托管延时服务工作,这项延时服务工作导致小学生的在校时间比以前更长,同时也对小学班级管理工作提出了新的要求,如何提升班级管理成效则成为每一位班主任需要反思的问题。班主任作为小学生成长路上的重要他人,是小学生思想品德的教育者、小学生日常生活的管理者和小学生健康成长的引导者。这就需要班主任深刻认识"双减"政策的重要意义,结合政策的具体内容调整班级管理目标、内容和方法等,坚持以生为本、优化班级管理实践,引领小学生健康快乐成长。

第一节 小学班级与班级管理概述

班级是学校开展教育活动的基本单位,是指学生实现个体社会化、个性化发展的重要场所。学校要顺利地完成教育教学任务,达成教育教学目标,亟须班主任对班级组织实施有效的管理。班主任充分认识到小学班级、小学班主任、小学班级管理、小学班级管理的功能等是开展小学班级管理实践的前提。

一、班级与小学班级

(一)班级和班集体

班级作为一种正式的学生群体。"班"是指按照一定年龄、学业程度、师生比例等所编排而成的相对稳定的学生群体;"级"是指将不同班按照学习目标层次与学习内容程度,依次连贯编排的相互衔接的空间序列。班的划分、编排与学年、学级相互联系,通常被称为班级。[1]因此,班级是学校为实现预期的教育目的,把在一定范围的年龄阶段、能力水平大体相近的学生,按照一定的人数规模建立起来的基层教学组织。[2]

班集体不同于一般意义上的班级群体,是班级群体发展到一定阶段的结果,是指在学校教学班级的基础上,师生共同的学习、交往等活动中,以及学生受集体主义价值引导和教师日常教育指导等的影响下,形成的文化心理共同体的学生主体。[3]班集体建设的主体性力量是学生,而集体的学习和交往活动是班集体建设的主要途径,教师的指导与引领是班集体建设发展的保障性条件,集体文化心理的认同状况则是班集体建设成效的检验依据。

(二)班级的特点

1.学习性

对于在班级中的学生而言,学习是其最主要的任务。学生的学习不可能在个体独处或完全封闭的环境中完成,而是要在群体环境中进行。学校班级组织为学生学习提供了在校期间与群体生活相处的基本环境,学生在班级组织中,在教师引导下习得学校规定的相关知识技能,以及各种规范等。[4]

---

[1] 郑航.班级管理与学生指导[M].北京:北京师范大学出版社,2011:1.
[2] 李学农.班级管理[M].3版.北京:高等教育出版社,2018:8.
[3] 胡麟祥.班集体的涵义、结构及教育功能:现代班集体建设系列讲话之二[J].中国德育,2007,2(3):71.
[4] 郭毅.班级管理学[M].北京:人民教育出版社,2002:3.

2.不成熟性

和其他社会组织的构成主体相比,作为班级组织的构成主体的学生正处在身心发展的过程中,学生是社会成员中的不成熟者,对于是非对错的判断能力不强,对家长、教师等具有一定的依赖性,在班级组织中也很难进行完全的自我管理。因此,在一定程度上其道德品质、行为规范、学习习惯等的养成都需要依靠成年人的教育和引导。

3.教育性

班级组织的产生是基于对个别教学组织形式的反思,以适应现代教育发展中提高教学效率的实践需要。班级组织自产生就具有鲜明的教育性,社会环境对学生产生怎样的作用,在很大程度上取决于班级组织对学生产生怎样的影响。班级组织对于引导与促进学生个体的个性化、社会化发展具有非常重要的作用。

(三)小学班级的特点

小学班级具有学校班级的一般特点。但由于小学的教育性质、教育目的和教育任务不同于其他层次的学校教育,所以,小学班级有着自己的组织特点。

1.小学班级是小学生的学习组织

小学班级是指为了实现一定的教育目的,根据小学生年龄和能力发展水平等在小学建立起的基层组织,其构成主体为6—12岁的小学生。该组织和其他社会组织相比,它建立的目的在于满足小学生的学习和发展需求,引导小学生学习习惯、思维、方法等学习品质的形成和发展。

2.小学班级是在教师指导下的学习组织

小学班级组织的构成主体为6—12岁的小学生,他们身心发展的不成熟性、个体自主发展的不足性,决定了他们在学习和生活等方面都需要接受教师,家长等成年人的指导。小学生在学习习惯、行为习惯、规范养成等方面,不仅需要个体在认识与实践方面的努力,还需要在班级环境中接受班主任、任课教师等的指导。

3.小学班级是班队合一的双重组织

小学班级中存在着同样成员组成的班级行政组织和少先队(全称是中国少年先锋队,简称少先队)组织,是班队合一的双重组织。小学班级学生隶属于两个既有联系又有区别的组织。前者是开展教育教学活动的基层组织,其目的是培养全面发展的合格人才;后者是少先队组织,其目的是培养共产主义接班人。[①]

---

① 李学农.班级管理[M].3版.北京:高等教育出版社,2018:46.

二、班主任与小学班主任

(一)班主任

班主任是随着班级授课制的产生而出现的一种教师职务,著名的教育家夸美纽斯最早在他的《泛智学校》中设想给每个班"指派固定的教师"。在我国,清光绪二十九年颁布的《奏定初等小学堂章程》提出实行"学级担任制",简称"级任制"。规定小学各学级设置一名正教员,负责一个学级全部学科或主要学科的教学和组织管理工作,这可能是我国最早的班主任制度。1932年,我国在中学实行级任制,后来改为导师制,级任教师负责班级组织的教育工作,而级任教师与现在的班主任有较多相似之处。

"班主任"这一岗位名称的正式使用是在解放区。1942年,绥德专署教育科编制的《小学训导纲要》首次提出,实行教导合一制,必须加强班主任的责任。1949年,《陕甘宁边区政府关于新区目前国民政府改革的指示》规定,在学校组织上(适用于完小),校长下设教育主任,取消级任导师,班设主任教员。主任教员与现在的班主任职责已大体相同。1952年,教育部颁发的《小学暂行规程(草案)》明确规定,小学各班采取教师责任制,各设班主任一人。这个规定明确了班主任岗位的法律依据,班主任制度此后成为我国小学普遍而稳定的班级管理制度。2009年,教育部印发的《中小学班主任工作规定》明确规定,班主任是中小学日常思想道德教育和学生管理工作的主要实施者,是中小学生健康成长的引领者,班主任要努力成为中小学生的人生导师。

班主任是中小学的重要岗位,从事班主任工作是中小学教师的重要职责。教师担任班主任期间应将班主任工作作为主业。班主任具有以下特点。[①]

1.班主任是班集体的组织者和管理者,是小学生健康成长的引路人

一个良好的班集体是一种重要的教育力量,对培养小学生的道德观念、发展小学生的能力和个性等都具有十分重要的意义。良好的班集体不是自发形成的,而是班主任组织、管理的结果。班主任工作在很大程度上影响小学生成长的速度和质量,关系到班集体的形成与发展。相比其他任课教师而言,和小学生接触最多的是班主任,小学生正处于身心发展的关键期,其道德品质、行为习惯、心理素质的形成与发展均离不开班主任的启发引导、熏陶激励与辛勤教诲。

---

① 高谦民,黄正平.小学班主任[M].南京:南京师范大学出版社,1999:28-33.

2.班主任是贯彻教育方针,促进小学生全面发展的骨干力量

班级作为学校的基层组织,是学校实现为党育人、为国育才目标,组织开展教育和教学活动的载体。班级的组织工作、管理工作及培育学生工作是班主任的主业,学校教育工作的开展是一项系统工程,需要班主任把全体学生组织起来,把班级各方面力量统合起来,再根据班级的具体情况来有计划、有组织地实施,才能确保学校的各项教育工作落到实处。班主任的工作能力与水平,在很大程度上影响着学校各项教育工作任务的落实与完成。离开了班主任工作,学校各项教育工作的开展以及学生德智体美劳等方面的全面发展是很难实现的。

3.班主任是学校、家庭、社会三方面教育力量的协调者

小学生的成长是遗传素质、环境和个体实践交互作用的结果。小学生作为社会群体中的一员,其身心发展不是学校教育单方面的事情,而是依赖于一定的社会关系和交往实践,是学校、家庭、社会多方面教育的综合结果。只有所有教育力量协调一致,形成合力,才能保证小学生的健康成长。因此,班主任是学校、家庭、社会三方面教育力量的协调者;是联系任课教师、学校管理者的纽带;是沟通学校、家庭、社会的桥梁。

(二)小学班主任

小学班主任是指在义务教育阶段全面负责小学生思想、行为、学习和生活等工作的教师职务,是一个小学班级的组织者、教育者和指导者,是小学生健康成长的引路人。小学班主任工作具有以下特点。[①]

1.小学班主任是多重角色的综合体

小学班主任工作角色具有多重性。首先,班主任是促进小学生德智体美劳全面发展的"教育引导者"角色。小学生心理发展的不成熟性要求他们在学习上需要班主任的指导,来形成正确的学习态度和习惯、掌握科学的学习方法、养成良好的学习品质;其次,班主任主要面对作为整体的班级,要承担"组织管理者"的角色。班主任工作的主要内容涉及指导班集体建设,引领班集体成长;最后,班主任还要应对来自学校、家庭、社会等校内外各种影响学生成长的教育力量,这就要求班主任扮演好"协调者"的角色,统筹协调校内外各种教育资源,优化小学生成长的教育环境。这几种角色相互区别、相互联系,共同构成一个要素完整、职能清晰的班主任角色体系。[②]

---

① 李学农.班级管理[M].3版.高等教育出版社,2018:13.
② 石爱琴.新时代小学班主任的角色定位[J].甘肃教育,2020(5):32.

2.小学班主任具有双重的管理者身份

小学班级组织是班队合一的双重组织,它既是学校实施教育教学的基层组织,也是中国共产党领导下的少先队的基层组织。小学班级组织的这种双重性决定了小学班主任双重管理者的角色与功能。小学班主任既是小学生成长与发展的管理者,承担班级组织管理任务,引导班集体的建设与发展;也是少先队的辅导员,承担班级少先队组织的管理任务,肩负少先队队员的思想引领工作。

3.小学班主任工作具有专业性

班主任工作是小学教育工作中的重点工作,作为一种教育管理工作,班主任工作成效在很大程度上关系着小学生的身心健康发展。小学教师从事班主任工作需要掌握相应的教育管理知识与技能,积淀较为扎实的管理素养与智慧。具体来讲:在专业知识上,应掌握教育学、心理学、学生发展等相关知识;在专业能力上,应具备教育教学、组织管理、沟通与合作等能力;在专业情感上,应热爱学生、关心学生、尊重学生、维护学生的合法权益;在专业道德上,应严格遵循教师职业道德规范,严格要求自身的教育教学行为等。因此,小学班主任工作具有专业性。只有接受过扎实的专业训练、具备良好专业素养的教师,才能胜任小学班主任工作。

三、管理与班级管理

(一)管理

管理是与人类社会同时产生的一种实践活动,并随着人类社会的发展而发展。管理是指在一定社会组织中的管理者,通过实施计划、组织、协调等措施实现组织既定目标的活动过程。①

管理活动的开展主要涉及管理主体(管理者)、管理客体(管理对象)、管理方法等要素。其中,管理主体是指行使管理职权的组织和个人;管理客体是指管理者操作并施加影响的对象,包括人、物质、资金等;管理方法是指管理主体和管理客体发生作用的途径与方式,是管理主体实施管理活动的各种措施。根据管理活动中主体和客体的承担者不同,管理可以分为行政管理、社会管理、情报管理、企业管理、学校管理等类型。

---

① 李江.小学班级管理[M].杭州:浙江大学出版社,2014:4.

(二)班级管理

班级管理是学校管理的重要组成内容,是以班级为载体的教育管理,是指教师根据学校的教育目标而采用一定的教育措施,来引领全班同学对班级中的各种资源进行计划、组织、协调和控制等,以实现预期教育目标的活动过程。[1]

班级管理活动开展主要涉及管理者、管理对象和管理方法等要素。其中,管理者是班级管理的主要责任者,包括班主任、班委会、任课教师、家委会等,班主任是最主要的管理者;管理对象是班级管理的构成方面,包括班级组织成员、班级管理空间和班级管理时间等;管理方法是班级管理者实施班级管理的各种措施、方式、途径等,包括行政方法、经济方法和教育方法等。

班级管理具有层次性,主要分为班级外部管理(班级宏观管理)和班级内部管理(班级微观管理)。其中,班级外部管理是指相关职能部门和学校领导等对班级的管理,包括确定班级规模、委任班主任等;班级内部管理是指班主任和任课教师在学校领导的指导下对班级的直接管理,包括班主任整合各种教育力量对班级的教育任务开展组织、协调与控制等各项活动。[2]

(三)小学班级管理

上述班级管理活动开展涉及的要素也适用于小学班级管理活动,小学班级管理是班主任等根据学校的教育目标,结合小学生身心发展的特征与规律而设计、组织、协调与控制的班级活动,以实现预期教育目标的过程。

四、小学班级管理的功能

小学班级管理是指有目的、有组织、有计划的教育管理活动,这一活动对实现小学教育目标,促进小学生全面自主地发展具有非常重要的作用。小学班级管理的功能主要体现为社会化功能和个性化功能两个方面。

(一)小学班级管理的社会化功能

社会化功能是指个体学习所在社会的生活行为方式,将社会期待的价值观、行为规范等内化,形成"社会人"共同必须的社会性,具体包括个体身份社会化、个体政治社会化、个体文化社会化和个体道德社会化等。[3]小学班级管理的社会化功能主要表现在以下几方面。

---

[1] 杨建华.班级管理学[M].西安:陕西师范大学出版总社有限公司,2012:2.
[2] 张作岭,宋立华.班级管理[M].3版.北京:清华大学出版社,2019:13.
[3] 齐学红.班级管理[M].北京:北京师范大学出版社,2015:100-101.

1.有效的小学班级管理可以引领小学生社会角色意识的培育、社会角色规范的理解,并使其表现出一定的社会角色倾向性,为未来获得一定的社会地位和履行一定的社会责任从而实现个体身份社会化奠定基础。

2.有效的小学班级管理可以促进小学生民主意识、参与意识、法律意识等的培养与发展,并使其表现出对既定社会认同的政治倾向,为未来成为合格的社会公民从而实现个体政治社会化奠定基础。

3.有效的小学班级管理可以引导小学生全面了解民族文化传统,增强民族自信心和自豪感,正确对待民族文化,养成健康的文明观,为促进个体文化社会化做好积淀。

4.有效的小学班级管理可以指导小学生学会关心他人,正确地进行道德判断,并能采取相应的行动,表现出良好的道德行为,从而实现个体道德社会化的不断发展。

(二)小学班级管理的个性化功能

个性化功能是指个体通过社会实践活动,促进自身各种心理特征的不断发展与独立健全人格的形成。个性化功能主要表现在自我意识的发展、独特个性的形成和自我教育的萌生等。小学班级管理的个性化功能[①]主要表现在以下几方面。

1.有效的小学班级管理有助于促进小学生自我意识的发展,形成积极健康的心理品质。健康和谐的班级文化有助于小学生自我概念和良好个性品质的形成,而杂乱不良的班级文化则会限制小学生自我意识的发展并形成消极的个性品质。

2.有效的小学班级管理有助于发展小学生的个体差异,形成小学生的独特个性。小学班级管理通过因材施教、因材管理,可以引领小学生充分开发其内在潜能,形成自己的优势与特长,从而强化自身的个性差异来更好地促进自身发展。

3.有效的小学班级管理有助于纠正小学生的不良倾向,促进自我教育能力的发展。小学生置身于班级环境中,难免会显现出自身性格、能力、情绪等方面的缺陷,对这部分小学生进行针对性的教育与管理,有助于引导其认识自身存在的缺陷与不足,自觉纠正这些不良的心理倾向,提升自我教育的意识与能力。

---

① 张作岭,宋立华.班级管理[M].3版.北京:清华大学出版社,2019:14-15.

第二节　小学班级管理的目标与内容

确定小学班级管理目标是小学班级管理工作的关键与核心,是小学班集体建设的出发点与最终归宿。小学班级管理内容是小学班级管理工作涉及的工作范围、职责、任务、项目等。小学班级管理工作的顺利开展不仅需要厘清班级管理的具体目标,也需要明晰班级管理的内容。

一、小学班级管理的目标

(一)小学班级管理目标的概念

管理目标是指对从事某项活动预期结果的主观设想,是活动的预期目标。人类任何的实践活动均具有鲜明的目标性,都是为实现一定的目标而进行的。小学班级管理活动是在学校情境下发生的有目标的教育管理活动,也具有相应的管理目标。

小学班级管理目标是指班级管理者对一定时期内班级管理活动预期结果的设想,是班级管理者为实现学校的教育目标,完成学校的教学任务,从班级实际情况出发所确定的,在一定时间内使班级管理活动达到一种期望的结果。[1]小学班级管理目标与学校教育目标存在内在的层次关联,小学班级管理目标从属于学校教育目标,体现着学校教育目标的基本要求。

小学班级管理目标作为班级管理实践活动的起点,从班主任工作的角度来看,小学班级管理目标可以区分出维持班级秩序、营造学习氛围、形成班级合力、学会自主活动和提升生命质量五层境界。[2]

(二)小学班级管理目标的特点

小学班级管理目标作为班级活动预期要达到的结果与标准,具有指向性、层次性、可行性和集体性等特点。[3]

1.指向性

指向性是指小学班级管理目标体现了班级建设与发展所秉承的基本理念,展现了班级管理活动预想的前景,指明了班级组织成员前进与努力的方向。

---

[1] 梁钊华.班级管理与班主任工作的理论与实践[M].成都:西南交通大学出版社,2015:24.
[2] 李伟胜.班级管理[M].上海:华东师范大学出版社,2010:14.
[3] 张作岭,宋立华.班级管理[M].3版.北京:清华大学出版社,2019:44.

2.层次性

层次性是指小学班级管理目标由低到高、由抽象到具体等不同层级目标构成的有机整体,小学班级管理总目标的实现需要各个层级子目标的实现。

3.可行性

可行性是指小学班级管理目标应符合班级管理的规律并且紧扣班级的实际情况,具有实践操作性,经过班级组织内每名成员的共同努力可以实现。

4.集体性

集体性是指小学班级管理目标指向班级管理活动的预期方向,其制定不仅要考虑班级整体的实际情况,还要考虑班级组织中每名成员的发展和需求情况。

(三)小学班级管理目标的功能

小学班级管理目标的功能是指班级管理目标在班级管理活动中发挥的作用或产生的影响。小学班级管理目标在班级管理活动中具有导向功能、驱动功能、凝聚功能、调节功能和评价功能等。[1][2]

1.导向功能

导向功能是指小学班级管理目标规定了班级管理活动的性质、范围,预设了班级管理活动的发展方向,指明了班级、个人的奋斗方向,引领了班级与班级成员的健康成长和发展。

2.驱动功能

驱动功能是指小学班级管理目标厘清了班级管理活动努力的方向。班级管理目标如果得到了班主任和全班同学的认同,目标就会成为师生共同努力的发展需要,也就会成为班集体和每名学生成长的驱动力,进而指引班级成员努力奋进。

3.凝聚功能

凝聚功能是指小学班级管理目标表征了班级成员的集体行为,指引了班级成员聚焦同一方向,共同付诸努力并形成合力,从而增强班级的凝聚力。

4.调节功能

调节功能是指小学班级管理目标对班级成员行为的调节作用。一方面,班级管理者可以对班级成员中偏离既定目标的行为进行调控,引导其回归既定目标;另一方

---

[1] 段作章,刘月芳.德育与班级管理[M].南京:南京大学出版社,2014:68-69.
[2] 梁钊华.班级管理与班主任工作的理论与实践[M].成都:西南交通大学出版社,2015:25.

面,班级成员可以对照班级目标,在班级管理者指导下形成一定的目标调节意识,自主调控个人行为。

5.评价功能

评价功能是指小学班级管理目标的实现和对班级管理活动进行评价的过程。小学班级管理目标贯穿班级管理活动的全过程,是班级管理工作评价的标准。班主任对学生学习的评价、学生对班主任工作的评价、学校对班级管理工作的考核等都需要参照班级管理目标。

(四)小学班级管理目标的类型

按照不同的划分标准和方式,小学班级管理目标可以分为许多不同的类型,具体类型如下。

根据小学班级管理目标的内容特性,可以分为班级建设目标和班级任务目标。班级建设目标是指班级为了改善班风学风,形成正确的舆论导向,促进每名成员的发展而制定的目标[①],该目标具有长期性、远景性、前瞻性等特点。如某班主任确立建设先进班集体的目标,该目标需要班主任和全班同学在一定时间内持续不断地共同努力才可能实现;班级任务目标是指班级在一段时间内为完成某些具体的活动任务而制定的目标,该目标具有时效性、可操作性、指向性等特点。如某小学筹备"六一"表演活动,要求某班负责活动期间舞台的卫生清洁工作,圆满完成舞台卫生清洁工作则成为该班在"六一"表演活动期间的任务目标。

根据小学班级管理目标主体指向的差异,可以分为组织系统目标和组织成员目标。组织系统目标是指全体班级成员奋斗的目标,反映了成员个体共同的价值追求,其实现是个体持续努力、凝心聚力的结果,如某班确立创建先进班集体的目标;组织成员目标是指班级成员个体具体的目标,是系统目标的分解细化,其实现是系统目标实现的重要保障。如某小学生确立的语文学习成绩达到优秀水平的目标等。小学班级管理目标需要协调好组织系统目标和组织成员目标的关系,以促进其和谐统一发展。

此外,根据小学班级管理目标的主次程度,可以分为主要目标和次要目标;根据小学班级管理目标实现的预期时长,可以分为长期目标和短期目标;根据小学班级管理目标内容的抽象程度,可以分为一般目标和具体目标;根据小学班级管理目标与实际状况的对应程度,可以分为必达目标和争取目标;根据小学班级管理目标的内容指向性,可以分为班级日常管理目标、班级活动管理目标、班级组织管理目标、班级文化管理目标等。

---

① 梁钊华.班级管理与班主任工作的理论与实践[M].成都:西南交通大学出版社,2015:25.

(五)小学班级管理目标的制定

1.小学班级管理目标制定的依据

小学班级作为一个学习型的学校基层组织,其管理目标的制定既要考虑社会政治、经济、文化等因素的制约,也要考虑班级管理活动的规律及小学生身心发展的状况等。具体而言,小学班级管理目标制定的依据主要有以下几方面。

(1)国家教育方针与相关法规政策。教育方针反映了党和国家开展教育工作的根本指导思想,影响着教育事业的发展方向。只有全面贯彻党和国家的教育方针与相关法规政策,坚持社会主义办学方向,才能保证小学班级管理目标具有正确的方向,保证小学班级管理目标功能的发挥。

(2)学校教育目标。学校教育目标是一所学校将国家的教育方针转化为具体的育人要求,是学校教育工作的出发点。班级管理目标是保证学校教育工作顺利开展的重要途径,班级管理目标和学校教育目标在方向上保持一致,有助于学校教育工作落到实处。

(3)班级管理活动的客观规律。班级管理活动所涉及的要素之间存在必然的、客观的、本质的联系,构成了班级管理活动的客观规律。这种客观规律不以人的意志为转移,制约着班级管理活动的开展。班级管理活动的开展应遵循班级管理客观规律的要求,其管理目标的制定要关注班级管理活动所涉及的要素之间的客观规律。

(4)一定的社会背景和学校具体情况。任何学校的办学与发展都不能超脱社会的制约,而小学班级管理目标的制定更不能违背社会对人的培养的总体要求。同时,由于社会为不同学校提供的办学环境和办学资源都存在一定的差异性,所以不同学校的具体情况也会有所差异。小学班级管理目标的制定要深入了解与分析学校的现实情况,充分利用学校的各种资源和条件,确定与学校的教育目标相一致。

(5)小学生身心发展的规律。小学生处于身心发展的关键阶段,蕴藏着极大的发展可能性和可塑性,对外界表现出浓厚的兴趣和强烈的求知欲。小学生身心发展存在不成熟性、向师性、依赖性等特点,其健康成长在需要成人指导的同时还需要自身的主体性,需要个体通过自身努力与外界环境相互作用才能得以实现。小学班级管理目标的制定需要考虑小学生身心发展的规律,把握其发展的潜力与需要。

2.小学班级管理目标制定的流程

制定科学、明确、具体的小学班级管理目标,是确保小学班级管理效能的前提条件。小学班级管理目标一旦确定,班级管理活动就有了依据。小学班级管理目标制定的基本流程主要有以下环节。[①]

[①] 张作岭,宋立华.班级管理[M].3版.北京:清华大学出版社,2019:49-50.

(1)深入调研,广泛收集资料。小学班级管理目标是学校教育目标在班级管理活动上的具体化,制定小学班级管理目标需要深入调研,广泛收集学校内外的相关资料。首先,充分认识小学班级的外部环境,正确理解国家的教育方针、政策,深入认识社会环境对学校发展的制约性,辨析社会、家庭与学校班级间的相互联系;其次,客观分析小学班级所在的学校环境,深入了解小学班级所有个体的思想动态、健康状况、学习状况等;最后,捋清班主任、任课教师、学校领导与小学班级建设的相互联系,为制定科学合理的小学班级管理目标提供背景信息支持与材料支撑。

(2)认真分析,设计目标方案。收集相关信息资料之后需要仔细分析既有的信息资料,进而设计小学班级管理目标方案。首先,明确小学班级管理达成目标的层次与类型,捋清班级管理的主要目标和次要目标、长期目标和短期目标、一般目标和具体目标、必达目标和争取目标等;其次,立足小学班级现有的资源条件,评价班级管理目标达成的有利因素、不利因素以及目标达成所需要的人力、物力与财力等;最后,设计小学班级管理目标达成所需要的措施、策略和步骤等,明确小学班级管理目标达成的具体路径。基于小学班级管理目标的类型、层次,以及目标达成所需要的资源与路径,尽可能设计多个小学班级管理目标方案。

(3)反复斟酌,选定目标方案。对比分析既有的备选目标方案,对其内容进行认真的分析与评价。首先,立足于小学班级内部和外部的实际情况,分析小学班级管理目标方案的科学性、有效性、可行性,具体判断小学班级管理目标方案是否符合相关科学知识原理、是否能够指引小学班级管理活动,目标达成的主观和客观条件是否具备等;其次,基于对备选目标方案评价的结果,结合班级的实际情况来确定最佳的目标方案,并将目标方案告知所有学生、任课教师、家长等利益相关者,争取使小学班级管理目标获得广泛的认同与支持。

案例 1-1

东莞市××小学五(4)班班级管理目标[①]

一、长期目标(学年目标)

1.品德方面

学会做人、学会求知、学会生活,做一个爱祖国、爱家乡、爱学校、爱班级、爱老师、爱父母、爱同学、爱自己的人。

---

① 如何实施小学班级管理目标[EB/OL].[2020-12-26].https://www.taodocs.com/p-453973329.html.

2.学习方面

认真努力学习科学文化知识,不懂就问、不怕困难、乐于助人。

3.生活方面

能够独立自主、自尊自重、互敬互爱;人人在班里都感到温暖和愉快。

4.身体方面

人人爱清洁、人人讲卫生,不断提高自身身体素质。

二、中期目标(学期目标)

1.品德方面

(1)学会做人、学会求知、学会生活,做一个爱学校、爱父母、爱老师、爱班级的人。

(2)每一名少先队员"心里飘着队旗",做一名优秀的少先队员。

2.学习方面

(1)认真努力学习科学文化知识,不懂就问、不怕困难、乐于助人。

(2)学期考试语文、数学、英语各科及格率分别达100%,优秀率达90%。

3.生活方面

(1)独立自主、自尊自重、互敬互爱。

(2)人人都有为集体、为他人服务的意识,坚持为班级、为学校、为他人、为社会做好事。

4.身体方面

不断提高自身身体素质,全班同学都要达到体育锻炼标准。

三、短期目标(周目标)

1.品德方面

遵守《中小学生守则(2015年修订)》和《小学生日常行为规范(修订)》和学校各项规章制度,降低学生不良行为的发生率。

2.学习方面

培养学生良好的学习态度和习惯,课堂上能认真听讲并及时完成作业。

3.生活方面

加强劳动教育,热爱班级卫生,当好值日生、不乱丢纸屑、不乱涂乱写,纪律、卫生、学习三项评比,每周获取一面红旗,争取获文明班流动红旗。

4.身体方面

合理安排时间,多参加阳光运动,积极锻炼身体。

二、小学班级管理的内容

班主任工作作为小学的重要岗位,有着需要教师履行的重要职责,而班级管理工作是班主任工作的核心内容。一个班级的管理成效如何,班主任不是唯一的决定性因素,任课教师、班干部、全体学生、家长等都是影响班级管理的重要因素。班级管理要考虑各方教育力量的相互联系,齐抓共管,形成合力才能做好班级管理工作。小学班级管理的内容主要涉及班级日常管理、班级活动管理、班级组织管理、班级文化管理、班级教育力量管理等。

(一)班级日常管理

班级日常管理也称常规管理,是小学班级管理工作的基础。班级日常管理从时间上来讲包括班级阶段性管理和每日管理的工作。[①]

班级阶段性管理是指一个学期的重要时间阶段内主要的日常管理工作,具体包括开学前的准备工作、开学初的工作、期中工作和期末工作等。开学前的准备工作主要有新生的编班或交接班工作、了解学生的基本情况、制订班级管理工作计划等;开学初的工作主要有学生的报到注册、组建或调整班干部队伍、学生纪律教育、指导学生制订学期计划等;期中工作主要有了解学生半学期学习、品行发展情况,检查班主任工作计划执行情况及召开家长会等;期末工作主要有组织学生期末复习与考试、评价学生身心发展情况、布置假期作业、完成班级管理工作总结等。

每日管理是班主任管理工作的重点和经常性的管理工作,主要涉及学生思想管理、学习常规管理、纪律管理、体育卫生与安全管理等。学生思想管理主要涉及小学生"三观"(世界观、人生观、价值观)的教育和良好品德的培养等;学习常规管理主要涉及小学生学习态度、方法与学习习惯、品质的养成与引导等;纪律管理主要涉及学校学生日常行为规范、班级管理制度和道德规范的教育与认同等;体育卫生与安全管理主要涉及学生体育锻炼、集体卫生和个人卫生的管理及学生的安全教育等。

(二)班级活动管理

班级活动是在班级管理者(主要是班主任)的指导下,为实现班级教育目标而有目的、有计划、有组织开展的各种教育教学活动。班级活动是学校教育的重要形式,也是拓宽认识视野、形成自我教育意识与能力的重要途径。同时,能引导小学生个体积累实践经验。小学班级管理工作中涉及的班级活动主要有:常规班级活动,包括班

[①] 风雅学人.班级日常管理的主要内容[EB/OL].[2022-06-02].http://www.360doc.com/content/22/0602/08/33932032_1034204137.shtml.

级晨会、课间活动、班级劳动等;课外活动,包括文艺活动、体育活动、集体游戏等;主题班级活动,包括主题班会、少先队活动等;实践性活动,包括科技创新活动、社区服务活动和研学活动等;心理辅导活动,包括学习辅导、生活辅导等。

班级活动管理要坚持有益性原则、多样性原则、主题性原则。[1]有益性原则是指无论设计与组织什么样的班级活动,其出发点应立足于小学生身心的和谐健康发展,在活动开始与实施过程中要考虑到任何有害于小学生身心发展的风险因素,有效地保护小学生的身心安全;多样性原则是指班级活动的组织从内容到形式尽可能要丰富多样,以适应与满足小学生好奇、多样、变化的心理需求;主题性原则是指班级活动的设计与组织要突出教育这一主题,要能区分班级活动与一般社会活动,发掘班级活动的教育因素,能对小学生身心全面发展潜移默化地产生积极影响。

(三)班级组织管理

班级组织管理是班级建设与发展的核心内容与重要保障。班级组织管理主要涉及班级组织机构和班级规范体系的建立。班级组织机构是班级的社会关系结构和组织机制的统一体,涉及组织成员的职权划分、角色实践与信息沟通等。小学班级组织机构的构建不能局限于学校的封闭环境中,应基于开放的、动态的、联系的大教育环境,全面考虑学校、家庭、社会等背景因素,建立由班主任、任课教师、学生和学校、家庭、社会等多方力量共同参与的组织管理体系[2],其构成要素主要是以学生为主体的集体自治机构,包括班干部轮换制、值日班长制等;以社会为背景的家长委员会,包括校级家长委员会和班级家长委员会等;以班主任为纽带的教师集体指导协调机构,包括班主任牵头的任课教师联席会等。

(四)班级文化管理

文化是人类在社会历史发展过程中所创造的物质财富和精神财富的总和。班级文化是指班级所有师生在交往、互动、劳动等过程中共同创造的财富,包括物质文化、精神文化和制度文化等。

小学班级物质文化管理主要涉及班级财务管理和教室环境管理两个方面,班级财务管理应在班主任指导下,发挥学生主体性,培养学生爱护公共财产、惜财、理财的意识与能力;教室环境管理应关注学校教育目标、地方文化特色、学生年龄特点、审美观念、兴趣爱好等,注重教室环境布置的教育性、实用性、安全性、审美性、经济性与时效性等。

---

[1] 张作岭,宋立华.班级管理[M].3版.北京:清华大学出版社,2019:55.
[2] 郑航.班级管理与学生指导[M].北京:北京师范大学出版社,2011:65.

精神文化是班级文化的灵魂,是反映班级成员精神风貌、集体意识、凝聚力、向心力等的文化因子,主要通过班歌、班徽、班名、班风、学风等来表现。小学班级精神文化管理要以班级活动为载体,陶冶班级环境为抓手,学生行为向善亲善为落脚点,构建班风正、学风浓、士气高、精神足的班集体。

制度文化是班级成员共同制定并认同的行为规范、班级公约等,如班级值日制度、作业检查制度、班干部轮换制度等。小学班级制度文化管理要有效激发学生自主管理的积极性与参与性,发挥其规范和激励作用。

(五)班级教育力量管理

小学班级管理活动中存在来自不同主体、相互作用且共同作用于小学生身上并产生影响的教育力量。整合各种教育力量并正确处理其相互关系是决定班级管理成效的重要因素。在各种教育力量中,学校对小学生的影响是最直接、最全面的。

首先,小学班主任要协调好学校内的各种教育力量与资源,将学校的教育目标、办学理念等落实到教育教学活动中,保持学校领导、任课教师等对小学生教育影响的一致性。

其次,家庭作为小学生成长的首要环境,对其影响是根源性的、连续性的,班主任要做好家长亲职教育工作,要与家长多沟通交流学生的发展变化情况,引导家长树立正确的教育理念,配合与支持小学生教育管理工作,增强学校班级管理的育人合力。

最后,小学生生活的社区也是影响其成长的重要环境,会对小学生的身心发展潜移默化地产生影响,班主任应该挖掘社区中的教育资源,与社区形成教育合力,引导小学生参与一定的社区志愿活动,增强小学生的社会责任感。

第三节　小学班级管理的实施

小学班级管理活动在很大程度上直接关系到小学生的学习和生活质量,任何一所小学都会将班级管理置于极其重要的地位。小学班级管理功能的实现和小学班级管理活动的实施等,都需要小学班级管理者明晰小学班级管理的基本原则,掌握小学班级管理的常用方法与操作程序。

一、小学班级管理的原则

小学班级管理原则是指在小学班级管理活动中必须遵守的基本指导思想、原理与准则,是任何层次学校的班级管理活动都需要遵循的基本要求。小学班级管理原则来自小学班级管理活动的客观规律与小学班级管理的实践经验,对建立与发展小学生班集体,实现班级管理目标,以及提高学校教育教学质量,提升小学生学习的获得感与成就感等都具有重要的意义。小学班级管理的原则主要包含以下内容。

(一)全面管理原则

全面管理原则是指在小学班级管理过程中,要对全体小学生一视同仁,不能排斥任何"问题"学生,关注所有小学生身心的健康发展,重视班级管理内容的全面性。

首先,班级管理目标上坚持"五育并举",践行社会主义核心价值观,注重小学生德智体美劳方面的全面发展。全面落实国家教育方针的基本要求,重视小学生品德知识、能力、个性等方面的和谐发展。鼓励小学生在既有条件的基础上个性发展,不能只关注小学生考试的成绩,忽视其适应未来社会所需要的能力、人格、态度等心理品质的培养。

其次,班级管理对象上做好个别教育工作,尤其是后进生的转化工作。要针对每一名小学生的个性特点与学习需要,联系任课教师统筹制定个性化教育方案,实施针对性的教育,绝对不能排斥和放弃任何一名学困生。

最后,班级管理内容上做好相关的各项具体工作。小学班级管理活动中除做好班级常规管理之外,还需要做好班级活动管理、班级组织管理、班级文化管理和班级教育力量管理等相关工作。班级管理工作内容随着学校教育的发展、学生成长需要的变化而不断延伸。

(二)全员激励原则

全员激励原则是指在小学班级管理过程中,激励每一名学生充分发挥其智力、体力等方面的潜能,调动其积极性与能动性,促进班级管理总体目标和个体目标的达成。

首先,关注全班所有小学生的成长与发展。科学规范评价其学习需要,全面了解小学生的优势、特长与不足等,为每一名小学生建立成长档案袋,并制定全班同学的全员激励工作台账。

其次,善于运用班级目标来激励每一名小学生。引导小学生在深入认识理解班级目标的基础上制定个人目标,并能将个人目标逐步内化后转化为个体努力的实践行为,体验个体目标实现过程中的成就感与获得感。

最后,采取灵活的激励措施来构建全员激励体系。针对每一名小学生的个性特征与学习需要而选择相应的激励措施,如思想激励、行为激励、榜样激励、文化激励、竞争激励、荣誉激励等。与此同时,做好各项激励措施运用的具体记录,评价其实施成效与存在的问题,反思与改进后续全员激励工作。

(三)民主参与原则

民主参与原则是指在小学班级管理过程中,调动所有学生的主体性,激发其参与班级管理工作的积极性、自主性和创造性,从而增强班级管理的活力及凝聚力。

首先,重视与发挥小学生在班级管理中的主体地位。引导小学生参与到班级管理工作中去,了解班级管理工作的具体环节,明晰自身在班级管理中所应承担的各项义务;指导小学生认真做好自己在班级管理工作中的"本职工作",增强其在班级管理中的"主人翁"意识与能力。

其次,建立与完善小学生管理的各种组织。构建与完善班级管理的各项制度规范,推进班级具体事务的民主管理。班级管理组织(班委会、学习小组等)机构的人员通过学生民主选举,教师监督的程序确定,并赋予其在班级管理具体工作中一定的权力,鼓励指导其大胆开展班级管理中的具体工作,培养与提高其独立工作的意识与能力,引导与助力其成为班集体的核心力量与班级管理的得力助手。

最后,注重与班级成员的平等对话。营造民主、平等、和谐的班级文化氛围,激发小学生在班级管理实践中的对话兴趣。班主任应成为小学生的"知心朋友",鼓励每一名学生吐露心声,认真聆听每一名小学生对班级管理工作的意见、建议与个人困惑等,以此来反思改进班主任工作,增强小学生对班级管理工作的参与度和支持度等。

(四)教管结合原则

教管结合原则是指在小学班级管理过程中,将班级教育和班级管理辩证地统一起来,做到教中有管、管中有教,授业与传道、教书与育人的和谐统一。

首先,选择合适的教育内容对小学生进行启发和诱导。结合教育内容的思想成分主动对小学生进行思想启蒙与引领,调动小学生主动接受教育的内驱力。同时,引导小学生对比分析正反例的差异性,深刻认识与理解道德基本规范、原则;引导小学生自觉监督调控自己的思想言行,在思想品德、学习、生活等方面朝着正确的方向发展。

其次,指导小学生认真落实班级管理制度规范。教育小学生认识违纪、违规行为的特点和危害,并对小学生发生的违纪、违规行为及时恰当地处理,引导小学生主动与违纪、违规行为做斗争、划清界限,自觉养成遵纪守规的良好行为习惯。

最后,协调任课教师加强对小学生的课堂学习管理。统筹任课教师主动发掘课程内容的思想成分并结合教学内容注重对小学生的思想引领与转化,针对小学生在课堂学习中出现的不良行为及时采取行之有效的干预措施,引导小学生养成对法律规范、道德规范、制度规范等的敬畏意识,表现出和道德原则相一致的思想与行为。

(五)情理通达原则

情理通达原则是指在小学班级管理过程中,既要给小学生摆事实、讲道理、启发引导,又要注重对小学生的关心指导与情感陶冶,从而实现说服教育与情感教育的深入交融,引领小学生在思想与行为方面的发展。

首先,对小学生要"晓之以理"。引导小学生接受系统的道德规范、行为准则等思想教育,提高他们的道德认识,掌握明辨是非、善恶、美丑、荣辱的标准,并能指导和评价自己的行为。

其次,对小学生要"动之以情"。促使小学生热爱班级管理工作、关心学生,建立民主、平等、和谐的师生关系;以心换心,付出真情感化学生,从内心深处鼓舞学生,用心引领,打造优良班风学风,潜移默化地对学生的思想、行为加以影响。

最后,对小学生要"导之以行"。组织与指导小学生参加各项实践活动,尽力为小学生创造实际锻炼的机会和环境,激发其参与实践活动的积极愿望,使其在实践活动中加深认识、增强情感体验,更为重要的是磨炼意志,培养与锻炼自己的道德行为。

(六)平行管理原则

平行管理原则是指在小学班级管理过程中,通过对集体的教育和管理去影响小学生个体,又通过对小学生个体直接的教育和管理去影响集体,从而将对集体和学生个体的教育管理相结合来提升班级管理效果。

首先,建立良好的班集体。一个良好的班集体应具有明确的共同奋斗目标、健全的组织机构、严格的规章制度、正确的集体舆论氛围和积极向上的班风学风等。一个良好的班集体不是自然生成的,而是班主任精心组织、耐心培养、持续指导、不断努力的结果。

其次,发挥班集体的教育作用。班集体一旦形成就会具有一股巨大的教育力量,班主任要充分认识与发挥班集体的教育作用,利用集体的目标、舆论氛围、规范等教育资源来教育学生,引导学生形成正确的价值观念、良好的道德品质与学习品质等。

最后,重视个别小学生的教育。在集体教育的同时要重视"特殊需要"个别小学生的教育,如学困儿童、学优儿童、留守儿童、流动儿童等。关注小学生学习与发展过程中出现的典型问题,如情绪与行为障碍、学业成就水平落后等。通过行动研究来制定针对性的教育方案,对个别小学生的典型问题进行有效的教育干预,引导个别小学生的努力方向与集体保持一致,促进集体的持续发展与进步。

(七)协同管理原则

协同管理原则是指在小学班级管理过程中,统筹各方面的教育力量共同参与、支持班级管理工作开展,提升班级管理效果与效能。

首先,做好与班委会、少先队、学生社团等的协调工作。班委会、少先队等组织是班级管理的主要力量,是班主任工作的得力助手。充分发挥班委会、少先队等组织在班级管理中的能动性,助力全班同学人人参与班级管理、人人知晓班级管理、人人支持班级管理。

其次,切实发挥教师集体的作用。统筹班级任课教师形成一个团结一致的教师集体,共同参与班级管理工作,彼此沟通分享在学生教育管理过程中的问题与经验,发挥集体的智慧、力量,通过行动研究、课例研究等探讨班级管理工作改进对策,助力班级管理工作的持续改进与完善。

最后,争取家庭、社区等方面的配合。通过家长会、家访、下社区等方式加强与小学生家长和小学生所在社区的沟通联系,主动了解小学生在家庭和社区里的表现,并向家长和社区反映小学生的情况,以及班级和学生工作的要求,争取家庭、社区对班级管理工作的理解与支持,并充分利用家庭、社区的各项教育资源,形成家庭——学校——社区协同育人的共同体。

二、小学班级管理的方法

班级管理方法是指为达成班级管理目标而采用的手段、方式、途径和程序等的总和。班级管理方法种类繁多,立足于小学班级管理工作的具体内容,可将小学班级管理工作中的常用方法分为七类。[1]

(一)了解小学生的方法

小学生是小学班级管理的工作对象,全面了解小学生学习、生活、心理和家庭等情况信息是班级管理的首要工作。在小学班级管理工作中,可以从书面材料、实践活动、与小学生交往、调查、日常工作等渠道来了解小学生的相关信息。了解小学生常

---

[1] 曾文婕,卢婷婷,周婷.新世纪我国小学班级管理方法开发的现状与展望:基于2001—2010年《班主任》杂志的文献分析[J].教育科学研究,2011(10):41.

用的方法有观察法、谈话法、学生作品分析法、调查法等。了解小学生是班级管理的手段,不是目的,了解小学生时要注意保护小学生的基本权益,尊重个人隐私信息,防止偏听偏信和道听途说。

(二)组建班集体的方法

班集体是在班主任的引导下,不断运动、变化、成长的有机整体。班集体建设可以通过班级教学活动、班级教育活动、班级管理活动等途径来落实。班集体建设的常用方法有[1]:目标管理法,确立集体目标和个人目标,引领小学生个体努力达成目标来推进班集体发展;立体教育网络法,引导班级各种教育力量交织作用,构成立体化教育网络来助力班集体建设;系统教育活动法,通过开展围绕班级目标的系列教育活动来实现班集体建设;规范制度管理法,以班级规范制度来引导和规范小学生的言行,推动班集体的形成与发展;自我教育法,引导班集体的自我教育和学生个体的自我教育相结合,以促进班集体的发展。

(三)组织班级活动的方法

班级活动是小学生在校学习生活的重要组成内容,也是班主任的重要工作之一。小学生喜欢的班级活动有主题型、知识型、交流型、娱乐型和实践型等类型。设计小学班级活动要考虑教育性、整体性、针对性和可操作性等基本原则。班会、队会、课内活动、课外活动、团体辅导等是班级活动开展的常见形式。班级活动的组织与实施包括设计活动选题、拟定活动计划、实施活动、总结与反思等环节。[2]

(四)指导学生学习的方法

学习是小学生学校生活的主要任务,小学生的有效学习离不开班主任的科学指导。小学生学习指导的内容包括激发学习兴趣、调节学习情绪、树立学习信心、养成学习习惯、学会学习方法和增强学习意志等。[3]小学生学习指导的方法有以下几种:专题讲座法,采取专题形式举行学习指导讲座;诊断治疗法,分析诊断小学生在学习上存在问题的主要根源并制定进一步实施教育干预的具体方案;经验交流法,引导学生之间开展学习方面的心得交流,彼此分享学习方面的经验、方法等。[4]

---

[1] 张作岭,宋立华.班级管理[M].3版.北京:清华大学出版社,2019:105.
[2] 韩东才,李委,王小棉,等.班主任基本功:班级管理的基本技能[M].广州:暨南大学出版社,2009:86-87.
[3] 郑航.班级管理与学生指导[M].北京:北京师范大学出版社,2011:163-165.
[4] 李江.小学班级管理[M].杭州:浙江大学出版社,2014:109-110.

(五)指导学生行为的方法

行为指导是指运用教育学、心理学等基本原理来培养和塑造小学生良好的集体或个体行为,矫正其不良的行为或行为倾向。班主任作为小学生学校生活的第一责任人,应加强对小学生的行为指导,引导他们养成正确的行为习惯。行为指导常用方法有强化法(积极强化和消极强化)、代币制法、消退法、榜样学习法、系统脱敏法等。

(六)处理突发事件的方法

正确处理班级突发事件是班主任工作的难点,也是班主任应具备的基本技能。班主任在处理小学生突发事件的过程中,应遵循及时平息事态防止扩大,调查研究清楚事实真相,正确处理并尽力挽回影响,协调善后并巩固处理效果等基本要求。处理班级突发事件过程中可用的方法较多,如趁热打铁法、降温处理法、移花接木法、以退为进法、幽默化解法等。[1]班主任需要结合突发事件的性质、特征、学生情况等灵活运用相应方法,使处理过程成为真正的教育过程,不仅教育当事学生,而且教育全班同学。

(七)形成教育合力的方法

小学生的成长受任课教师、家长、社区人士等多主体影响,班主任应整合班级内外教育资源,构建小学生健康成长的育人合力。小学班级教育力量整合包括校内教育资源和校外教育资源的整合与开发。校内教育资源主要涉及各科任课教师、学生、学校领导和各部门教师等,可以通过关注小学生的课堂生活、班集体生活、学校生活等来开发、整合校内各种教育力量;校外教育资源主要涉及家庭、社区和重要他人等,可以通过关注小学生的家庭生活、社区生活、日常活动等来开发、整合校外各种教育力量。

三、小学班级管理的操作程序

小学班级管理的操作程序是指班主任领导全班同学为达成预定的教育目标和管理目标,设计与安排班级工作的实施环节、步骤、次序等,保证班级工作顺利开展并取得预期效果的动态过程。班级管理的操作程序可以借鉴 PDCA 循环管理,PDCA(又称戴明环)理论是由美国质量管理专家休哈特(Shewhart)最早提出,由戴明(Deming)采纳与宣传,进而获得广泛普及。

PDCA 是英语单词 Plan(计划)、Do(执行)、Check(检查)、Action(行动)首字母的组

---

[1] 段作章,刘月芳.德育与班级管理[M].南京:南京大学出版社,2014:204-205.

合。PDCA循环管理就是按照计划至行动的顺序进行质量管理,形成循环往复、周而复始的动态操作程序:其中,P(Plan,计划)是指确定活动目标、制订活动计划;D(Do,执行)是指具体执行、运作活动计划中的内容;C(Check,检查)是指检查、分析活动计划执行的效果,梳理、发现活动过程中存在的问题;A(Action,行动)是指总结经验与教训,没有解决的问题提交下一个循环。[1]PDCA循环管理是全面质量管理所应遵循的科学程序,其主要理念、操作程序在小学班级管理工作过程中是值得学习与借鉴的。因此,小学班级管理的操作程序有以下环节。

(一)计划

班级管理计划是班级管理全过程的起点,是班主任对班级管理活动的目标、内容以及达成目标的方法、步骤等的预先设计和安排,对保障班级管理的顺利实施具有决定性作用。班级管理计划一般分为学期计划和活动计划两种。学期计划主要包括标题、前言、本班的基本情况与分析、本学期的工作目标、主要内容与措施、时间安排、检查办法、制定人姓名与制定日期等。活动计划主要包括标题、活动目的、活动时间地点、活动内容、活动准备与要求、制定人姓名与制定日期等。

制订班级管理计划必须考虑我国教育方针和政策法规、学校教育目标与计划、班级管理活动规律、班级学生的实际情况等。制订班级管理计划要遵循的一般步骤如下:首先,广泛获取信息,确定班级管理目标。收集国家教育政策法规、学校工作计划等,调查班级的实际情况,了解学生的思想动态,草拟班级管理的目标、内容、具体措施、时间安排等;其次,充分征集意见,形成班级管理计划草案。发动各科任课教师、学生对班级管理计划具体内容展开讨论,归纳整理讨论的意见,形成多种可行的计划方案;最后,在深入比较、分析、研究的基础上择优确定最终的计划方案,并明晰计划方案的其他内容等。

》案例1-2

××小学班级管理工作计划[2]

为了让班级充满活力与创新,更好地塑造学生的心灵,让他们得到全面的发展,也为了新学期班级管理顺利有序开展,提升班主任工作绩效,制订班级管理工作计划。

---

[1] 《现代管理词典》编委会.现代管理词典[M].2版.武汉:武汉大学出版社,2009:171-172.
[2] 逐梦桃李.××小学班级管理工作计划[EB/OL].[2021-09-04].https://baijiahao.baidu.com/s?id=1709959950252221934&wfr=spider&for=pc.

一、常规教育方面

1.培养学生良好的行为习惯。利用班会时间引导学生集中学习《中小学生守则(2015年修订)》《小学生日常行为规范(修订)》等,并在学习过程中指导学生辨析什么行为是对的,什么行为是不对的,增强其是非对错分辨的意识与能力。

2.发挥学校文化的育人作用。利用校园广播、文化长廊、板报等宣传阵地,营造浓厚的校园文化氛围,挖掘校园文化的育人功能,增强学生对学校文化的自豪感。

3.深入与家长的沟通联系。利用微信群、QQ群等积极与家长联系,及时了解学生动态,并向家长反馈学生在校的学习生活情况。

4.加强对学生的安全教育。利用班会及关键节点对学生进行安全教育,抓好学生上学、放学路上的安全教育,落实好安全措施,确保学生安全。

5.加强班级少先队组织建设。建设积极向上的少先队集体,引导少先队员在少先队组织中勤奋学习、快乐生活、全面发展。

6.发挥少先队主题教育的育人作用。利用重大节日、纪念日有计划地组织开展形式多样的系列主题教育,引导少先队员树立中国特色社会主义的理想和正确的世界观、人生观、价值观。

二、班级纪律方面

1.课堂纪律。班级师生共同制定班规班纪,并细化相应的奖惩办法,引导学生参与班级管理制度的制定与实施,养成主动遵守班级纪律的良好品德。

2.课间纪律。针对学生的年龄特点指导其开展各种课间活动,并能在活动过程中遵守游戏规则,和谐相处,形成良好的人际关系。

三、卫生方面

1.个人卫生。要求学生衣着整洁,勤剪指甲,饭前便后洗手,养成良好的卫生习惯。

2.班级卫生。指定专人负责班级教室卫生,每天安排值日生清扫,设立卫生监督岗进行检查与监督。

四、班干部的培养方面

根据班级实际情况尽量让每一名学生都有机会参与到班级管理工作中来,使每一名学生都能成为教师的小助手,齐心协力做好班级管理工作,建立一个积极向上、朝气蓬勃的班集体。

(二)实施

班级管理实施是班主任组织全班同学完成班级管理计划任务、达成班级管理目标的过程,是班级管理的中心环节。

在实施阶段,班主任的主要任务是做好组织、指导、协调与激励工作。组织是指统筹安排、合理调配班级管理活动涉及的人力、物力、财力等资源,保障班级管理工作有效和有序地推进,如班主任组建好班干部队伍,确定每位班干部的职责等;[1]指导班级管理工作具体地实施,保障班级管理工作能够按照预期计划实施,如班主任指导班干部如何开展具体工作,增强其工作意识与能力等;协调是指沟通好班级管理过程中涉及的工作关系和人际关系,保障班级管理工作和谐圆满地完成,如处理学生之间发生的矛盾与冲突,营造和谐的学生交往关系等;激励是指鼓励、支持班级成员做好班级管理的具体工作,增强班级成员的凝聚力和向心力,如表扬班干部学生的工作表现,增强其班级管理工作的成就感和荣誉感等。

组织、指导、协调与激励等是班主任在管理计划实施阶段,自始至终需要重视的管理活动,只有高度重视这些活动,并付诸具体实践来助力班级管理工作开展,才能有效保障管理计划取得顺利进展。

(三)检查

检查是指班主任对班级管理计划实施过程进行检查、监督、评价和纠偏,以保证班级管理活动向班级管理目标的达成。

检查是班级管理的中继环节。班级管理目标、计划能否顺利实施有赖于质量检查的水平。检查一方面可以监督班级管理各项工作的达成状况,另一方面又能检验班主任本身的管理能力。检查贯穿于班级管理的全过程,客观检查能够及时发现、分析与解决问题,进而总结和推广经验,促进班级管理工作的持续改进。

检查就其实施方式而言有平时检查、阶段检查、全面检查、专题检查、领导检查、相互检查、自我检查、口头汇报检查和书面检查等类型。[2]在实际工作中,班主任可以根据班级管理工作的实际情况,灵活选择并综合运用。在检查过程中,班主任要以班级管理计划为检查的参照标准,发动全班同学共同参与,对班级管理各项具体工作进行客观、真实的检查,掌握一手资料、典型事例和必要数据。针对检查过程中发现的问题,通过深入调研来分析其产生的原因,总结经验教训,指导与促进班级管理工作的后续改进。

(四)总结

总结是指对班级管理活动的计划、过程与结果等进行总的回顾与价值判断,以肯

---

[1] 段作章,刘月芳.德育与班级管理[M].南京:南京大学出版社,2014:145.
[2] 李明敏,李渭侠.班级管理原理与方法[M].北京:中国社会科学出版社,2017:16-17.

定成绩、找出问题、吸取教训、处理遗留问题并明确继续前进的方向。

总结是单次班级管理的终结环节,在多次班级管理过程中起承上启下的作用。总结一方面通过回顾过去,梳理班级管理过程中的问题、教训与经验,将其加以概括、提炼并上升到规律性的一般原理来指导后续工作,减少实际工作中的盲目性等;另一方面通过展望未来,研判预测班级管理实践中遇到的新形势,可能出现的新矛盾、新问题等,未雨绸缪,做好应对与破解之策,增强班级管理的预见性,进而提升未来工作的效率与效能。

总结可以从不同角度划分出许多类型:按涉及的内容范围分为班级工作总结、学习小组总结、个人学习总结、思想教育工作总结、体育卫生工作总结、劳动工作总结等;按涉及的参与主体分为班委会工作总结、班干部工作总结、班主任工作总结等;按涉及的时间阶段分为阶段总结、学期总结或学年总结等。[①]在实际工作中,总结应以班级管理计划为参照,管理计划中涉及的目标内容、具体措施应在总结中找到相应的答案。总结工作一定要抓住重点、突出特点,既要充分肯定班级管理工作的成绩与优点,又要客观指出存在的问题与不足,对管理目标、管理内容、管理方法等进行反思,为后续的工作计划做好准备。

计划、执行、检查、总结四个环节有机结合构成班级管理的全过程,从计划到总结不是管理过程的结束,而是一个新的管理过程的开始。对于班级管理计划执行效果不显著或在实施过程中出现的问题,应及时进行总结反思,为开展新一轮PDCA循环提供依据。这些班级管理的操作环节不是简单的机械联系,而是阶梯式的螺旋上升,将会不断提升班级管理的质量。

≫ 思考练习

一、名词解释题

班级　班级管理　班级管理目标　班级管理原则　班级管理方法

二、简答题

1.小学班级的特点有哪些?

2.小学班主任工作的特点有哪些?

3.小学班级管理的功能有哪些?

4.小学班级管理目标的功能有哪些?

5.小学班级管理目标制定的依据是什么?

---

① 李明敏,李渭侠.班级管理原理与方法[M].北京:中国社会科学出版社,2017:18.

6.小学班级管理的内容是什么？

7.小学班级管理的原则是什么？

8.小学班级管理的方法是什么？

9.小学班级管理的操作程序是什么？

三、实践探究题

1.实际调研小学某班级学生发展状况及成长需要，制定班级管理目标。

2.实际调研小学某班级学生发展状况和班主任工作实际，制订班级管理计划。

第二章　小学班级日常管理

》 学习目标

1.了解小学班级日常行为管理的概念、意义和基本内容。

2.了解班规制定的意义,要关注的要素,制定的过程,熟悉与掌握班规的执行。

3.理解小学生发展指导的概念和内容,熟悉小学生发展指导的类型,并能结合案例进行指导。

4.理解小学班级管理中学生评价的原则、方法,并能结合案例对学生发展进行评价。

日常管理也称常规管理,是对日常工作的规范性管理,是保障日常工作顺利、有序开展的基础。一个班级正常运转的前提条件是班级日常各项工作的高效完成,这在很大程度上依赖于有效的班级日常管理。班级日常管理涉及的内容多、范围广,涉及学生在校内外的所有表现。尽管班级日常管理工作多为琐事,但如果不及时统筹、协调与处理,这些琐事会像滚雪球一样成为一种传染源或形成一种不良的后果。小学班级日常管理涉及学生日常行为管理、学生发展指导、学生评价等内容。在进行小学班级日常管理时,班主任要用正确的管理理念、合理的工作思路、创新的管理方法、有效的管理策略,提升班级日常管理的效果,为学生的健康成长保驾护航。

第一节 小学班级日常行为管理

小学阶段是儿童身心发展的重要阶段,不仅因为它有六年的时间,更因为在小学阶段,儿童的身体和智力发展迅速,心理发展变化大、可塑性强。亚里士多德说过,播种一个行为,你会收获一个习惯;播种一个习惯,你会收获一个性格;播种一个性格,你会收获一个命运。小学阶段是人一生求学、求知的起步阶段,也是习惯养成、品德培育的关键期,小学阶段学生养成的各种习惯,对其一生的发展都有着深远的影响。

一、小学班级日常行为管理

(一)小学班级日常行为管理的概念

小学班级日常行为管理,是指班级管理者根据国家对一定学段学生的培养目标和学校的教育目标,向班级成员传授在班级组织中的行为规范,帮助他们掌握行为规范,同时纠正他们违反组织规范的行为,以培养班级组织形成良好的秩序,确保班级各类活动能够顺利进行,简而言之就是班级纪律管理。[1]

(二)小学班级日常行为管理的意义

班级是学生在校学习、交往、生活的主要场所。班级管理过程是一种进行中的决策和行动过程。进行管理时,班主任要运用自己被赋予的职责,采取规划、组织、协调和评价等管理措施,为实现班级的发展目标而开展的一系列活动。

1.小学班级日常行为管理能为学生的在校生活创造良好的环境

在小学阶段,班主任应抓好班级日常行为管理,帮助小学生养成科学的生活作息,良好的学习、卫生、礼仪、运动习惯。班级日常行为管理既能够促进学生个体的发展,也能够为班级创造一个卫生干净整洁、人际关系和谐、班风正学风好的集体环境。将学生引入学校的班级组织规范生活,是班级管理者的重要任务之一。小学一年级学生对班级行为规范的把握,对他们今后的学校班级生活,甚至一生的发展都会产生重要影响。[2]

2.小学班级日常行为管理是培养学生规则意识的切入点

教育部印发的《中小学班主任工作规定》中提出,要求班主任认真做好班级的日

---

[1] 李学农.班级管理[M].3版.北京:高等教育出版社,2018:138.
[2] 李学农.班级管理[M].3版.北京:高等教育出版社,2018:139.

常管理工作,维护班级良好秩序,培养学生的规则意识。[①]

小学班级由6—12岁的未成年人组成,让小学生在班级中学习和遵守行为规范,不仅是班级集体建设和发展的需要,也是小学生个体发展的需要。小学阶段是小学生正确认识世界、了解社会、建立规则意识、逐渐形成正确价值观的阶段,也是为将来的个体发展奠基的阶段,让他们学会在组织中生活,是对他们社会性发展的要求。正确的行为规范,能引导小学生身心健康全面地发展。对小学生来说,行为规范不仅是认识问题,更是行动问题。班主任不仅要让小学生认识班级组织的行为规范,更要训练小学生掌握实际的行为方式。在小学班级组织中,班级成员都是充满童真童趣的有个性的人,他们对行为规范的学习与践行结果不会整齐划一。个别小学生在班级组织中会错误地认识班级行为规范,违反班级行为规范,这就需要班主任对班级成员的不良行为及时进行纠正。[②]

(三)小学班级日常行为管理的内容

1.小学班级日常行为管理内容的概述

在由若干个儿童组成的小学班级中,学生由于认知能力有限、自控能力薄弱等,对国家规定的行为规范的学习与掌握,不可能完全靠自己完成。因此,在小学班级日常行为管理中,班主任有向班级成员传授行为规范和督促其遵守行为规范的责任和义务。

只有管理好班级成员的日常行为,班级才会有良好的秩序。让小学生学会在班级里规范地生活,是德育的要求,也是班级组织生活的要求。小学生对相应规范的学习及强化,能够为将来步入社会,遵守社会公德打下良好的基础。对小学生而言,学习班级行为规范不仅仅是认识的问题,也是班级规范生活实践的问题。一个规范的班级组织,一方面需要班级成员学会规范的生活,另一方面需要为班级成员提供规范的环境。也就是说,班主任要通过组织班级成员对班级规范的学习,创造班级规范顺利运行的环境;让班级成员在规范的环境中,学会规范,养成遵守规范的习惯。这就是班级日常行为管理的内容。

2.小学班级日常行为管理的基本内容

根据《中小学生守则(2015年修订)》和《中小学生日常行为规范》,可以将小学班

[①] 教育部关于印发《中小学班主任工作规定》的通知[EB/OL].[2009-08-12].http://www.gov.cn/gongbao/content/2009/content_1439280.htm.

[②] 李学农.班级管理[M].3版.北京:高等教育出版社,2018:139.

级日常管理的基本内容分为以下九个部分。①

(1)基本道德行为常规管理。遵守国家法律,遵守交通法规,遵守公共秩序,爱护公用设施,遵守网络道德和安全规定,珍爱生命等。

(2)纪律常规管理。到校出勤纪律,课堂学习纪律,自习纪律,课间两操纪律,晨会纪律(包括升旗仪式纪律),住宿生食宿纪律等。

(3)学习常规管理。课堂学习常规:上课专心听讲,勤于思考,积极参加讨论,勇于发表见解等。课外学习常规:认真预习、复习,主动学习,按时完成作业等。考试常规:做好迎考准备,考试不作弊等。

(4)交往常规管理。与同学、教师、父母及其他人交往方面的常规。

(5)生活常规管理。穿戴整洁、举止文明、情趣健康、爱惜粮食、节约水电、生活节俭,学会料理个人生活,生活有规律,按时作息,珍惜时间,合理安排课余生活,坚持锻炼身体等。

(6)环境卫生常规管理。个人卫生、公共卫生、生态环境等。

(7)安全常规管理。防火灾、防溺水、防触电、防盗窃、防中毒等。

(8)班级文档、史志管理。学生成绩报告单,操行评语,"三好"学生和各项积极分子评选,黑板报、周记、班级日志、班史、学生档案、班级总结等。

(9)班级校外、假期管理。学生假期生活,假期作业,校外学习小组,校外辅导员,学生联络网等。

小学班级日常行为管理的内容,还可以根据《小学生日常行为规范(修订)》以及学校的制度,从小学生班级生活中的一日活动和课外活动内容出发,形成符合自己所带班级学生特点的小学生一日行为规范。

(四)制定班级日常管理规范的依据

班级组织是学校的基本组成部分,小学教育系统是整个国家教育系统的重要组成部分。中华人民共和国成立以来,国家十分重视小学生的行为习惯养成。从小学生的思想品德发展和行为养成要求两个层面出发,制定了相应的行为规范文件。

班级的日常行为规范,既要反映国家制定的《中小学生守则(2015年修订)》要求,也要反映《小学生日常行为规范(修订)》要求,还要反映所在学校的小学生行为规范要求,同时也要符合本班学生的年龄特点和本班特定行为规范教育的特殊情况。②

---

① 何万国.现代班主任工作研究[M].成都:西南交通大学出版社,2009:125-126.
② 何万国.现代班主任工作研究[M].成都:西南交通大学出版社,2009:126.

(五)小学班级日常行为管理的方法

在实践中,有些班主任的行为管理活动往往是在经验指导下进行的。有些班主任惯用的行为管理方法,就是向学生宣布行为规范,采用奖励、批评、惩罚,甚至是体罚的方法来控制班级组织中学生的行为;也有班主任会用一些符合科学规律的行为管理方法,如在小学低年级采用给小红花、五角星等办法鼓励小学生的规范行为。班级管理者应当掌握一定的行为科学知识,把行为科学揭示的行为知识运用到班级日常行为管理中。目前,常见的小学班级日常行为管理的方法有:样本行为示范法、班级内榜样示范法、强化训练法和纪律约束法等。

1.样本行为示范法

小学生学习正确的行为需要有行为的样本。小学一年级学生在进入小学之前,对于小学生在学校中和班级中的行为方式知之甚少。因此,小学生,尤其是低年级的小学生,只能通过具体的行为样本来学习行为。行为样本的示范对于他们的行为规范学习尤其重要。要让小学生习得小学班级行为规范,可以提供规范的行为样本,以供他们观察学习。可供观察学习的样本,可以是视频,也可以是班主任自己的示范。有一些学生表现出违反规范的不良行为,可能是由于他们从来就不曾认真学习过行为规范,这需要引起小学班级管理者的注意。

2.班级内榜样示范法

通过本班级内做得好的榜样行为来学习规范行为,从本质上说是观察学习,因为自身所处群体中的行为样本更容易得到认同。班级成员学习的行为榜样,需要班主任精心筛选后确定。需要注意的是,采用这种方法时,班主任不能认为榜样就是班级中一两个优秀的学生,要从不同角度树立榜样。只有当榜样人群足够大时,才会形成大部分学生行为学习的压力,从而更好地促进所有班级成员习得行为规范。

3.强化训练法

强化是指对紧随着刺激出现的行为,起到维持或者增加该种行为作用的任何刺激。[①]行为主义认为一种行为是对一种特定刺激做出的特定反应,强化是行为习得的重要条件。如"上课铃响了学生停止讲话"这一行为,就是对上课铃响这个刺激做出的行为。如果教师对学生的这种行为反应做出表扬,学生就会继续坚持这种行为,而此时教师的表扬就是强化。用以强化行为的强化物是多种多样的。目前我们在小学低年级普遍看到的一种行为管理的强化方法,有给具有规范行为的小学生一个印有红花、五角星或笑

---

① 泽波利.学生行为管理:教师应用指南(第4版)[M].关丹丹,等译.北京:中国轻工业出版社,2004:148.

脸的纸片;也有把红花、五角星或笑脸做成印章,盖在或贴在墙上的表格里等。这些物品和行为就是强化物。到了小学中高年级,物品和行为被换成了评分表上的分数。

4.纪律约束法

行为的管理要从行为学习出发,而组织中的行为需要纪律约束。纪律是用行为规范做明文规定,并以一定的奖惩措施来予以保证的。惩罚措施往往带有强制性,因而具有约束性。小学班级日常行为管理不仅是帮助班级成员学习行为规范,也包括用纪律来约束班级成员的行为。采用纪律约束法,就需要向班级成员明文宣示纪律,依据知、情、意、行的认知规律,教育和引导学生遵守纪律,如班级公约、小学生一日规范等。可以通过明文规定的醒目张贴、主题班会的宣讲等形式,精心组织学习文本,做好文本解读,帮助学生加深理解和记忆。对小学生进行评价时,班主任力求做到一视同仁、奖罚分明、公平公正,真正让学生感受到"纪律面前、人人平等"。同时,班主任还可以通过各种形式培养小学生的班级凝聚力、集体荣誉感和荣辱意识,最终引导小学生形成自律的习惯。

二、小学班规的制定与执行

(一)班规的概念

班规是班级成员共同认可的、自觉遵守的行为规范及其评价规定,也可称作班级公约、班级守则或班级制度。

(二)班规制定的意义

1.有利于实现班级管理的公平性与实效性

班规通常由班主任和班级成员共同制定,依靠班规管理班级内的人、事、物等,能使班级的各种管理有章可循,班级的奖惩有法可依,也更有信服力。增强班主任管理班级的科学性与公正性,能有效避免班主任因个人情绪与喜好、主观意志等因素产生评价偏颇。同时,也能让学生明白,班级的最高权威不是班主任,而是规章制度,班内强调规则面前人人平等,人人都要按章办事,共同维护制度的权威。这样才能提高班级管理的实际效率。

2.能帮助班主任建立良好的班级运行秩序

班主任和班级其他成员制定出班规后,一定要采取多种形式引导学生理解班规。在人人知班规、守班规的大环境下,班规于整个班级中的运行就会形成良性循环。

3.能帮助学生创造良好的学习生活环境

班规要求班级成员共同遵守,意味着在班级组织内,所有成员都要为维护班级荣誉而努力。当自己的个人行为与班级集体荣誉密切联系时,每一名班级成员都会自觉自发地约束自己,这也有利于在班级内部形成良好的班风和学风,为班级成员的身心健康发展创造和谐温馨的环境。

4.有利于培养小学生的规则意识

依靠班规管理,能让小学生形成规则意识,从小养成尊重规则、遵守规则、维护规则的好习惯,初步明白人在集体与社会中都要依照一定的规则生存,遇到问题时能依据规则处理好自己与集体、自己与他人、自己与社会之间的关系。

5.有利于班主任把握工作重心

《中小学班主任工作规定》中强调,班主任是中小学日常思想道德教育和学生管理工作的主要实施者,是中小学生健康成长的引领者,班主任要努力成为中小学生的人生导师。班主任是中小学的重要岗位,从事班主任工作是中小学教师的重要职责。[1]当一个班级制定出切实可行的班规,班主任就可以减少对一些烦琐事务的管理,用更多的时间去思考班集体的发展和研究学生个体的发展。

(三)班规制定要关注的因素

1.充分体现学生意愿

班规的制定要尊重班级内大多数成员的意愿,让班规制定的过程成为班主任了解学生和教育学生的过程,也成为班主任展示自己管理理念的过程。

2.分层级制定班规

班规可以分为核心规则和常规要求。核心规则是班级成员在做人、做事方面的基本行为准则,也是班级核心价值观的体现,一般制定3—6条班规比较便于学生牢记并执行;常规要求是学生从事具体的日常活动时所遵守的行为要求,如课堂常规、集会要求、课间活动安全注意事项等,可以根据日常活动的具体内容,制定详细的要求。

3.班规内容的表述

班规的内容必须要合理合法,条文内容易于实践,涉及学生在学校生活的各个方

---

[1] 教育部关于印发《中小学班主任工作规定》的通知[EB/OL].[2009-08-12].http://www.moe.gov.cn/srcsite/A06/s3325/200908/t20090812_81878.html.

面;班规的表述要符合自己班级学生的年龄特点与心理特点,且具体明确、通俗易懂,表述方式应该是正面表述。班规和校规应该相一致。

4.班规的约束对象

班规应由班主任和全班同学共同商议制定,它的约束对象应该是班级内所有成员的行为,包括班主任与任课教师、班级内的每一名学生。

(四)班规制定的过程

班规的制定要充分发挥班级学生的主观能动性,因为它是班级成员为人处世的基本行为准则,其制定的过程有以下五个步骤。

1.让小学生充分认识制定班规的必要性

班主任可以通过案例让小学生充分认识到,制定班规可以帮助我们快速、高效地完成各种活动,且对不同成员在活动中的表现给予不同的评价。

2.引导小学生提出规则

班主任可以采用各种形式引导小学生提出规则,如"头脑风暴"、分组讨论、个人发表意见等形式提出规则。

3.引导小学生归纳总结规则

因为小学生的思维特点,他们提出来的规则可能五花八门,这就需要班主任引导全班同学对所提出的规则进行分析概括、归纳梳理,这也是帮助小学生理解班级规则的过程。

4.逐条表决,形成正式规则

小学生提出的规则经过归纳概括后,要以文本的形式记录下来。这就需要进行逐条表决通过,也等于是让学生们许下承诺。

5.巩固规则,加深记忆

班级规则制定好后,应该被张贴在班级最醒目的位置,这样既能起到提醒作用,也能帮助学生们加深记忆。

(五)班规的执行

源自西方管理学家提出的"热炉法则"简洁地阐释了班级常规的执行要领:每个单位都有自己的"天条"及规章制度,任何人触犯了都要受到惩罚。"热炉法则"形象地阐述了惩处原则。第一,警告性原则。热炉火红,不用手去摸也知道炉子是热的,会灼伤人的。班主任要经常对小学生进行规章制度教育,以警示和告诫小学生不要触犯规章制度,否则就会受到惩戒。第二,必然性原则。每当你碰到热炉,肯定会被灼伤。第三,即时性原则。当你碰到热炉时,立即就会被灼伤。惩戒必须在错误行为发生后立即进行,决不能拖泥带水。第四,公平性原则。不管谁碰到热炉,都会被灼伤。①

根据小学生的认知特点,他们的自律意识较弱,自控能力较差,做事缺乏持久性。因此,在班规出台后,班主任还需要采取以下措施强化小学生对班规的理解,让小学生的行为符合班规的要求。

1.及时进行讲解与操练

有研究表明,班级中的有效管理者与低效管理者之间最主要的不同点是处理班级规章制度的方式。有效管理者有明确的规则,且认真地教规则;而低效管理者没有明确的规则或随意提出规则,且没有认真地教规则。

2.专题讨论或辩论

针对班规中的某一条,通过列举具体案例,组织学生们进行讨论或辩论,加深小学生对班规的认识与理解。

3.遵守公平原则

对发生在班级的各种现象,每一名学生的行为,都应该采取客观公平的对待原则,不能因不同的学生犯错而采取不同的标准,这样容易引起学生对班规的质疑,阻碍班规的执行。

4.建立班规权威

班规建立之后,班主任应该指导全体学生共同遵守,如果有学生触犯班规,就必须按规则执行相应的惩罚,不可以有例外。让小学生深刻认识到,在班规面前,人人平等,这样才能建立班规的权威性。

5.运用自治规范

恰当地运用班级学生核心团队的制约力量,对违反班规行为的处理是相当有效的。班主任在执行班规时,应该充分利用班长、班委委员及各小组组长等班级干部,先通过他们对违反班规的学生给予劝阻,如果劝阻无效再由班主任来处理。

6.抓住教育时机

在班规的执行中,教育时机是相当重要的。在学生犯错违规时,班主任必须针对

---

① 马希良.班级管理法则浅议[J].中小学管理,2005(2):55.

学生的行为,巧妙地运用各种策略,立即辅导与纠正;在学生有优异的表现时,班主任应该寻找合适的时机公开表扬,来起到让他人学习示范的效果。

7.必要的个别辅导

班主任必须针对违反班规的学生,给予个别指导与辅导,针对学生的偏差行为给予劝导,引导学生面对错误并改正偏差行为。对于经常犯错的学生,班主任可以运用个别辅导的策略,情节严重者及时通知家长,请家长配合学校的规定教导学生。

8.适度使用团体压力

如果当班级学生出现不良行为时,会感受到一种来自团体的被孤立或被排斥的心理压力,学生便会自觉约束自己的不良行为。班主任要注意巧妙营造这样一种团体压力,但更需要注意不能使用过度。[1]

9.组织签订承诺书或进行宣誓

强化班规在小学生心目中的分量,班主任可以组织学生签订承诺书,还可以组织学生进行宣誓,利用仪式感强化班规的履行,增加学生的自我约束感。

10.定期评价

制定班规的目的是促进班级集体与学生个体更好地发展,作为班规的制定者和践行者,必须定期依据班规对班级成员进行评价。初期评价周期可以短一点,低年级最好每天评价,等大部分学生掌握班规要求后,可以适当延长评价周期。评价既要针对每一名班级成员,也要针对参与评价的班级学生核心团队成员,还要对班规本身进行评价。对班级成员已经完全遵守并养成良好习惯的班规,可以适当删减或提高要求,同时对班级成员养成的良好习惯要表示祝贺;对在班规执行过程中频繁出现违规或容易引发纠纷的条款,可以先组织班级成员讨论出现问题的原因,再根据班级的实际情况进行修改和完善。

(六)违反班规的处理

班规不是单纯为了约束学生,而是为了引导学生养成良好的行为习惯,成为有道德的人。因此,对于违反班规行为学生的处理需要格外谨慎。

1.以教育为主

人非圣贤,孰能无过。对于年幼的小学生来说,违反班规比较常见,班主任不仅要理解违反班规的必然性,还要谨记教育者的任务之一,就在于教会学生看到自己每

---

[1] 何万国.现代班主任工作研究[M].成都:西南交通大学出版社,2009:127.

个行为的后果。[①]因此,处理出现违反班规行为的学生,其目的是使学生从小懂得犯了错误就必然要受到惩戒,让他们明白要为自己的行为负责。同时让他们明白知错能改,善莫大焉。

2. 以班规为准

班规一旦出台,就变成了班级"法律"。班级全体成员参与制定的班规,代表着集体的意志。对班主任来说,维护班规的权威,便是维护自己的权威;对学生来说,维护班规的尊严,便是维护自己的尊严。当学生出现违反班规的行为时,应依据班规设定的条款对其进行惩戒,体现班级学生的集体意愿。另外,班规还能帮助班主任克制自己的不良情绪,有助于促进班主任自身道德意志的成长。

3. 注重引导小学生自省

小学生的违规行为可以逐步改正,但在引导其改正之前,班主任应先引导小学生对自己的行为进行反思,并做出合情合理的价值判断。特别重要的是,当小学生做了不良行为后,受到的责备不仅有来自周围的人,还有来自小学生本人的。不良行为唤醒小学生内心深处的自我反省,才是对他进行惩戒的最大价值所在。只有在谴责之后出现自责——良心的痛苦之时,谴责才会富有成效。也就是说,小学生只有经过自我反省,才会真正发自内心地认识到自己的错误,进而产生主动改正自己违规行为的需求。班主任也要时刻注意自省,看自己在处理小学生的违规行为时,是否尊重了他们的个体差异,是否采用了恰当的方式。

4. 探查违规动机与结果

班主任在处理小学生的违规行为时,必须深入探查他们违规行为的动机和该违规行为后果的严重程度。不同的动机应区别对待,不同程度的结果也应区别对待。过分强调惩罚通常会导致学生去掩盖真实动机。由于小学生自身经验的不足和认知的差异,他们往往会在善意的动机下做出一些不良的行为。班主任只有深入了解他们的所思所想,才能保证对他们违规行为处理的客观与公正。尤其对于那些特殊儿童,如多动症儿童、智力异常儿童等,班主任应充分了解他们的心理和行为特点,不能过分苛责,必要时可以寻求专业人员的帮助。

5. 因人而异,方法多样

对违规行为进行处理的具体方法,最好是组织班级成员共同讨论。一方面,要把握惩处的尺度,避免伤害学生的身体与心理;另一方面,要有层次性,对于多次违反和

---

① 邓艳红.小学班级管理[M].3版.上海:华东师范大学出版社,2022:94.

偶尔违反的学生应采用不同的惩处措施。有时候,冷处理也会有意想不到的效果。陶行知先生"四颗糖果"的故事所产生的奇妙效果,就很好地印证了这一原理。

6.指导改进

面对违规学生,无论采取哪种惩处措施,目的都是帮助学生认识到自己的错误并不断改进。因此,班主任要明确地对违规学生表达出希望他能改进违规行为的期望,并且提供具体的改进方向,或指导学生针对一些不良行为,制订针对性行为矫正计划,帮助其逐渐进步。

7.循序渐进

帮助学生改正自身的不良行为,需要经历知、情、意、行四个阶段,只有学生对自己的违规行为深刻反思,认识到错误,才可能产生变好的动机,并且在此动机下,逐渐形成良好的习惯,这需要一个循序渐进的过程。班主任要有爱心和耐心,坚定自己的教育理念,相信自己的努力一定会换来班级学生的健康发展。[1]

案例 2-2

一粒瓜子壳1000字说明书[2]

对于同学吃零食有没有利,全班同学通过讨论,认为从总体而言是弊大于利,因此,大家一致通过在校内尤其是在教室里不吃零食的决定,并推选最爱吃零食的卢建具体负责,又通过讨论,以"扔在地上一粒瓜子壳就要写1000字说明书"为惩罚。卢建同学上任以后,为了获得监督别人的权利,他先从自己做起,有意识地控制自己不去吃零食。他控制住了,别人也开始控制自己。

通过决定后的5天内,大家都忍住了,卢建仔细观察,也没能发现该挨罚的人。第六天中午,带饭的同学在教室吃饭,并热烈地交谈,一名同学忘乎所以,平时他极爱吃零食,此时以为班级放松了对这件事情的管理,终于控制不住,剥开一粒瓜子吃,并下意识地将瓜子皮扔到了地上。卢建立即上前,当场让那名同学捡起,并问:"还记得班规吗?""忘了。""那好,找法律顾问吧!"找到管理班规的同学,查到班规中卫生部分的内容,明白了"要写1000字的说明书,还要看衣服口袋里有没有瓜子,若有,每粒再加100字的说明书。"卢建从那名同学衣袋里翻出16粒瓜子,两者相加,便是2600字的说明书。"好了,开始写吧,放学后交给我。"

---

[1] 邓艳红.小学班级管理[M].3版.上海:华东师范大学出版社,2022:96.
[2] 魏书生.班主任工作漫谈[M].7版.桂林:漓江出版社,2014:134-135.

一届又一届的最爱吃零食的同学跟我说:"刚开始,不吃瓜子,不吃羊肉串、糖葫芦什么的不习惯,见了就馋、就想,吃起来又耽误事。有时上课,学习时还惦念着上哪去买,怎么吃,班级管得紧,过了几个月,也就习惯了,现在感到利确实大于弊,不只节约了钱,更重要的是学习时心静了,节省了精力和时间。"但这并不意味着一律禁止学生吃零食,旅游时,过年开联欢会时,还是允许大家吃零食的。

第二节　小学生发展指导

小学生的身心健康发展离不开良好的班级环境,除了良好的环境,还需要教师持续给予指导,尤其是班主任对学生发展的指导。班主任对学生发展的指导,不仅是其自身能力素质的表征,也是其主要工作任务之一。

一、小学生发展指导的概念

"指导"一词在我国教育理论中运用得非常广泛,多指对学生的行为方向进行指引。它是对教学工作的补充,主要是指在课余时间帮助学生完成相关学习任务,并促进学生的全面发展。

2009年,教育部印发的《中小学班主任工作规定》指出,班主任是中小学日常思想道德教育和学生管理工作的主要实施者,是中小学生健康成长的引领者,班主任要努力成为中小学生的人生导师。"引领者""人生导师",这两个词体现了班主任工作的一种理念。这种理念是:在班级管理工作中,班主任并不是单纯的"说教者",作为班级成员的学生也不是单纯的"受教者"。这就要求班主任在"指导"学生时,将学生视为发展的主体、主动者,针对学生的发展问题,启发其发现自己的发展问题,并提出解决自身发展问题的建议,促进学生个体的全面发展。杜威在《民主主义与教育》中,曾专辟一章"教育即指导",其中论述的"指导"其实就是教育。杜威认为,表明把被指引的人的主动趋势引导到某一连续的道路,而不是无目的地分散注意力。[1]他的意思是说,"指导"会使学生把偶然表现出来的正当行为或趋势,变成他们的自觉行为和目的,并持续向着正确的方向行动。《世界教育年鉴(1955)》把"指导"定义为:"为了个人的幸福和社会的效益,在每个人努力发现发展各自潜力的整个时期对其进行援助的过程。"[2]

学生的发展是主体的、主动的,这样才有发展的动力;学生的发展也是有方向的,

---

[1] 杜威.民主主义与教育[M].王承绪,译.北京:人民教育出版社,1990:30.
[2] 关颖.家族教育指导者培训教程[M].天津:天津社会科学院出版社,2017:92.

这样才会获得积极的、健康的发展。学生的发展方向,需要班主任来指明,这就是"引领者",就是"人生导师"的含义,也是对班级管理者提出的"指导"要求。学生在发展过程中,会遇到各种问题,这些问题对于成长中的学生来说,仅靠自己的力量未必能解决,他们需要从相关的指导中得到解决问题的建议,这也是"指导"的实质所在。

二、小学生指导的目标

基于以上认识,我们认为所谓"指导",是指对个体自然能力的引导,其目的是根据个人的现有状态,实现自我潜能的发展。就指导的内容而言,小学生指导指向的是被指导者的身心全面发展,从内在的理智、情感、意志、态度,到外在的行为举止、方式,做到真、善、美三位一体;就指导的落脚点而言,小学生指导指向的是被指导者自主意识的觉醒与自立能力的培养,最终实现个体的健康、和谐发展。

三、小学生发展指导的内容

小学生指导一直存在,但真正成为专业化的教育职能,开始于美国。1908年,被称为"现代指导之父"的帕森斯(Frank Parsons)出版的《选择一个职业》一书,被认为是西方第一本关于学生指导方面的专著。在该书中,首次使用了"指导"一词,这本书的出版,被认为是现代学生指导诞生的标志。[①]

小学生的发展离不开学校、家庭和社会生活。小学生的发展并不只是知识的获得,更重要的是学生作为一个独立的、有鲜明个性特征的个体的全面发展。这种发展只能在一定的组织生活中实现。从这个意义上说,小学生在班级组织中的发展就是通过他们在班集体生活中的不同体验来实现的。在小学阶段,学校和班级通过开展丰富多彩的课堂活动和课外活动,来实现小学生在道德认知、知识获取、劳动技能、审美情趣、健康运动等方面的发展。由于小学生的个体差异,不同的小学生在相同的班级活动中会产生不同的情绪体验,获得不同程度的发展。因此,我们可以对小学生在品德、学习、安全、法规、健康等方面给予指导。

(一)品德指导

1.品德指导是德育的要求

德育是小学教育的重要组成部分之一,它主要通过学校教育中的多种形式来进行。在小学阶段,德育的主要途径有"道德与法治"课、各学科教学和班队活动等。在

---

① 郑航.班级管理与学生指导[M].北京:北京师范大学出版社,2011:154.

班级管理中,班主任本身就有进行品德教育的任务。班级管理中的品德教育同在专门的品德类课程和各科教学活动中所进行的品德教育是不同的。品德不能只靠课堂教学活动养成,而是需要在实践活动中体验和展示。良好的品德是人身心健康发展的需要,必须在现实的生活中养成。小学生的品德发展需要在大量的生活情境中来实现。在品德类课程和各科教学活动以外,小学生认识道德、践行道德、深化道德等,都需要班主任来指导。

2.品德指导的任务

首先,班主任要深化对品德类课程的认识。班主任在对小学生进行日常思想品德教育时,必须遵循一致性原则。即班主任必须保证小学生在生活中所受到的来自不同方面的思想品德教育是一致的,不能相互矛盾。这就需要班主任自身不断深化对不同品德类课程的认知,并拓宽教育渠道,形成合力。如果小学生在品德类课程上所获得的认识,同他们在课外所获得的认识是相互矛盾的,他们就会怀疑甚至放弃在品德类课程上所获得的认识。

强化小学生在课堂上获得的道德认识,班主任要做到以下三点:第一,班主任在平时组织的班级活动中,要用自身的道德言行印证小学生在课堂上获得的道德认识;第二,班主任在与小学生打交道时,应多关注小学生对道德的正确认识;第三,通过班级活动,为小学生创设提升道德认识能力的情境,帮助他们深化道德认知。

其次,班主任要重视小学生的道德体验。人的品德是个体的道德认识、道德情感与道德行为的综合体现,而道德情感在其中发挥着非常重要的作用。情感是人与人在交往中产生的内在需要,班主任作为学生最重要的交往对象,首先应当是一个充满道德情感的人。只有让班级成员在班主任身上感受到深刻的道德情感,才能引起他们的道德认同和情感共鸣。因此,班主任要尽可能地发掘品德类课程的内涵,开展丰富多彩的班级活动,在班级活动中内化小学生的道德认识,使他们在班级生活中获得道德情感的体验。要帮助小学生体验道德情感,就要在班级营造一种道德情感的氛围。道德情感的氛围是由班级全体成员共同营造的,每一名成员都在这个氛围的营造中发挥着重要作用。班主任要营造一个有利于小学生品德认知和践行的环境,发展他们对道德的理解力和判断力。实现小学生由道德的认知产生遵守道德的情感,进而磨炼他们践行道德要求的意志,最终形成良好的道德行为。

最后,班主任应通过规范的道德行为,帮助小学生养成良好的道德习惯。人有很多道德认知和道德行为都是在小学阶段学习并养成习惯的。道德的实践性决定了道德行为不可能完全在课堂上养成。因此,班主任要关注小学生的道德认知程度与道德行为,全面掌握班级成员在品德方面的不同表现。可以根据不同学生的实际表现,指导他们践行道德行为,使小学生养成良好的道德行为习惯;也可以在班级生活中提出规范的道德行为要求,营造出一个规范的道德行为环境。

引导小学生的道德行为,可以用榜样示范法。班主任要善于甄选合适的道德榜样,通过他们高尚的道德行为,实现对班级学生的道德引导。班主任可以从两个不同的方面为学生树立榜样。一是,生活中的优秀人物、班级或学校的各类小标兵;二是,偶像型人物,如革命英雄、现当代"时代楷模""共和国勋章"获得者、各级各类行业精英等。通过读故事、看影视作品、看纪录片等方式,激发小学生"从小学英雄,长大做英雄"的信念。

(二)学习指导

学习指导是指任课教师在以学科课程为中心的学习中,帮助学生全面了解自己的学习兴趣与能力,确定具体的学习目标,激发学习动机,改进学习方法,进而帮助学生成为自主的学习者。针对学生的学习指导主要涉及两大问题,即如何激发学生的学习意愿和如何帮助学生懂得学习。

1.学习指导是完成教学任务的要求

班级是一个承担特定教学任务的组织。小学生在班级中的学习活动是班级组织建设的重要内容。学习指导不仅包括智育教育相关课程的学习指导,也包括美育、体育和劳动教育相关课程的学习指导。小学生的学习不仅有课堂学习,还有课外学习;小学生的学习活动不仅在班级内、校内进行,还在班级外、校外进行。虽然课堂学习对小学生的学习活动非常重要,但是课外学习对小学生的发展同样重要,在某种意义上来说甚至更加重要。课堂学习由任课教师负责,但是课外学习更需要依赖班主任的指导。

2.学习指导的任务

虽然说不同科目课程的教学活动是由各任课教师承担的,班主任不可能替代任课教师的教学活动,但是班主任对班集体建设的重视程度,会直接影响任课教师的教学效果。这里论述的学习主要指智育方面的学习。但智育不仅包括智力因素的发展,还包括非智力因素的发展。近几年来,随着社会的发展,人们已经深刻认识到非智力因素对个体智力发展会产生重要作用。如果说任课教师的任务是发展学生的智力因素(当然也不能忽略非智力因素的发展),那么班主任的学习指导任务则主要是发展学生的非智力因素,同时还要注重对小学生进行学习方法的指导。①

(1)促进小学生非智力因素的发展。一般来说,智力因素包括观察、记忆、思维、想象等;非智力因素包括兴趣、动机、情绪、个性意志等。良好的学习效果和学习习惯的养成,是智力因素和非智力因素共同作用的结果。在学生智力水平相差不是很大的前提下,每名学生在学业上的差异,在很大程度上是受到非智力因素的影响。促进小学生非智力因素的发展,可以从以下几个方面开展。

第一,激发小学生的学习动机。所谓学习动机,是指推动小学生持续开展学习活动,并使学习行为朝向一定目标的一种内在过程或内部心理状态。学习动机的强弱对促进学生开展学习活动,提高其活动的积极性和主动性具有十分重要的作用。学习动机产生于学习的需要,它一旦形成,就有定向性,且具有强化作用,致使学习行为持续保持,直至完成。不同水平的学习动机所引发的活动强度和持续时间各不相同,一般来说,学习动机越强烈,带来的学习效果越明显。班主任应努力引导具有不同水平学习需要的学生,使他们都能产生强烈的学习动机,并持续激发其动机。

第二,帮助小学生正确认识学习的意义。班主任要帮助小学生明确认识到,学习对每个人来说都是提升自身能力的一种途径。学习活动的特点是具有明确的目的性,班主任要帮助小学生树立短期目标与中期目标、长期目标,并积极为他们创造成功的机会,在短期目标实现时及时给予鼓励,让学习的目标成为推动小学生学习的动力。班主任还要尽可能让小学生看到自己学习的进步,体验到成功的喜悦。当一个人在学习或工作中取得成绩时,会自然而然产生一种喜悦的心情,这种心情会增强自己的自信心,提高自己在学习或工作中的积极性,小学生也是如此。

第三,多渠道激发小学生的学习兴趣,增强其求知欲。兴趣是指人积极探索事物的认识倾向。学习兴趣是指学生基于自己的学习需要而表现出来的一种认识倾向。影响小学生学习兴趣的因素主要包括教学方法、师生关系、教学效果、教学策略,以及教师对学生的注意和了解程度、赏罚情况等。班主任在学习指导中,应有意识地结合小学生的爱好、特长,培养小学生形成广泛的兴趣。小学生有了学习的兴趣,自然会积极地学习。

第四,帮助小学生调节学习情绪。情绪是人们对客观事物的一种内心体验,它能成为学习、思考和行动的心理背景,进而影响学习效果。人本主义教育提倡师生共同创设真诚、信任和温暖的人际环境,其实就是看到了情绪对学习的影响。学生的情绪虽然是波动的,但也是可以控制的。教师应善于发现学生的情绪变化,及时加以引导,使学生在积极的情绪作用下进行学习。

---

① 郑航.班级管理与学生指导[M].北京:北京师范大学出版社,2011:163.

第五，培养小学生的学习意志。学习意志是指学生在学习过程中为达到目的而有意识地支配、调节和控制自己的行动，不断克服学习困难的心理过程。学习兴趣非常重要，但仅有兴趣是不够的，因为学习过程中可能会遇到各种阻力和困难。班主任要通过不同形式的活动，让小学生明白要想学有所得，必须坚毅、顽强、刻苦钻研，用乐观的心态和坚强的意志力迎接每一次的挑战。

(2) 指导小学生掌握正确的学习方法。学习方法是指学习者在学习过程中所采取的活动措施与策略。学习方法属于学习策略的范畴，它直接作用于信息加工过程，用于编码、保存、提取和运用信息。按照参与成分的不同，可以将学习策略分为认知策略、元认知策略和资源管理策略。[1]教师进行学习方法与策略的指导可通过以下方式开展。

第一，认知策略的指导。包括复述策略的指导、精细加工策略的指导和组织策略的指导。首先，要使小学生更好地记忆和保持信息，尽量避免所复述内容相互干扰，同时要尽可能调动多种感官协同参与复述，采取集中复述与分散复述相结合的方式，但要防止复述过度。其次，对精细加工策略的指导，重在帮助小学生在已有知识与新授知识之间建立联系，以更好地加工、理解新授知识，如关键词法、形象联想法、积极笔记法等。最后，指导小学生对所学知识进行深加工，通过归类整理形成自己的知识结构，教师可采用概念图、示意图、层级图、纲要法等方式，帮助小学生建立知识之间的联系，掌握组织策略。

第二，元认知策略的指导。元认知就是对以上学习策略的计划、监督、控制和调整过程。最早是由斯坦福大学心理学家弗拉维尔提出。简单来说，元认知就是对认知的认知。关于元认知的指导，一般认为，要么采取自由放任式，要么采用直接指导式。前者认为元认知是小学生在学习活动过程中自然获得的，因而教师所要做的就是创设环境和机会，让小学生可以运用元认知策略；后者则认为教师应直接教给小学生有关元认知的知识，向小学生示范策略，并给予相应的反馈和指导，包括出声思维、自我提问、提供相应练习等。

第三，资源管理策略的指导。作为学习策略的辅助条件，时间、努力和他人的帮助等资源，也需要小学生学会合理运用。首先，指导小学生做一个好的时间管理者，提高单位时间里的学习效率，合理安排学习内容。教师可以尝试着协助小学生制订（学期、月、周、日）学习计划，计划中应包括必须完成的事情以及完成的顺序；也可以合理指导小学生安排作息、娱乐、体育时间，做到劳逸结合。其次，指导小学生有效且

---

[1] 郑航.班级管理与学生指导[M].北京:北京师范大学出版社,2011:162.

持续地集中学习。这是因为,学习从来都不是一件轻松的事情,因而需要相应的意志品质共同配合。教师可以通过设置一些小学生能够克服的障碍,有步骤地培养其持久性、稳定性、责任感和意志力,使小学生学会自我管理。最后,提示小学生主动针对学习中遇到的问题寻求帮助,这种帮助不仅可以源自教师、学生等,也可以源自参考书、词典、网络等。①

(三)安全与法规指导

小学生身心健康成长除了需要安全、和谐的环境,还需要班主任结合班级学生的年龄特点与认知水平开展安全指导和法规指导。

1. 安全指导

安全是小学生健康成长的保障。为避免小学生在校园内、班级内、课堂上发生意外伤害事件,以及出现校园霸凌现象,班主任需要开展针对小学生的安全指导。小学班级组织是一个主要由未成年人构成的组织,他们年龄小、安全意识淡薄、缺乏安全知识,班级日常管理能够使班级成为一个为未成年人提供保护的组织。但是,安全保护不只是外部的保护,也需要内部班级成员的自我保护。教育班级成员学会自我保护和遵守法律法规、校规和班级规范。认识并尊重他人的权益,也是一种自我保护。

班级管理者要针对小学生可能遇到的各种安全问题,在班级日常管理中进行集体指导,也要针对班级成员的特点进行个别指导。

2. 法规指导

2016年6月28日,由教育部、司法部、全国普法办印发的《青少年法治教育大纲》,明确提出了对青少年进行法治教育的总体目标和阶段目标。其中,阶段目标包括小学阶段的目标,明确了青少年法治教育的内容,包括小学低年级(1—2年级)和小学高年级(3—6年级)的教育内容。②从2016年起,原义务教育阶段课程中的"品德与生活""思想品德"教材名称统一更改为"道德与法治",标志着法治教育被明确纳入课程,也更明确了法规指导的必要性。《青少年法治教育大纲》中规定,小学阶段要以基础性的行为规则和法律常识为主,侧重法律意识,遵法、守法行为习惯的养成教育。行为规则和法律常识可以在课堂上学习,但是,法律意识的形成和遵法、守法行为习惯的养成,也不可能脱离小学生在班级里的日常生活。班主任在班级日常管理中对小学生

---

① 郑航.班级管理与学生指导[M].北京:北京师范大学出版社,2011:162-163.
② 教育部、司法部、全国普法办印发《青少年法治教育大纲》[EB/OL].[2016-07-18].http://www.gov.cn/xinwen/2016-07/18/content_5092493.htm.

进行法规指导,应当结合"道德与法治"课程进行,指导学生在课程中了解法律常识及培养法律意识,落实到班级日常生活中。在法规指导的过程中,班主任自身的法治意识及遵法、守法的榜样作用是十分重要的。班主任要将自身安全与法规意识体现在班级日常管理活动中。如果班主任重视安全与法规,就会潜意识地影响到小学生。[1] 班主任在班级日常管理中对小学生进行安全与法规指导,要根据班级日常活动的需要,提醒小学生遵守安全与法规要求,让小学生开展自我教育,养成遵纪守法的习惯,增强他们在生活中自防、自救以及处理事件的能力。

(四)健康指导

小学生在班级组织中的健康发展,需要有一个良好的人际心理关系做铺垫,良好的人际心理关系由若干个心理健康个体构建。

1.保护小学生的健康是班主任的责任

一个全面发展的人首先应该是身心健康的人。1948年,世界卫生组织(WHO)成立时,在宪章中把健康定义为在生理上、心理上、道德上和社会性等方面完全处于良好状态,而不仅仅是指没有生病和体弱。由此可以看出,人的健康不仅是生理健康,还包括心理健康。没有健康,知识的学习、能力的发展等都是没有意义的。健康不是简单地通过教学获得,而是需要在生活中经过锻炼获得,在健康的生活体验中获得。班主任既要重视小学生的生理健康,也要重视小学生的心理健康。[2]

2.健康指导的任务

(1)生理健康指导的任务。健康的身体是小学生全面发展的前提条件。首先,班主任要倡导小学生积极参加体育锻炼和课外活动、集体活动。通过这些活动激发小学生的运动兴趣、传授运动技能、培养良好的运动习惯。其次,班主任要重视对小学生良好生活习惯的养成教育,如卫生方面:引导小学生勤剪指甲、勤洗澡,保持干净整洁的个人形象;引导小学生自己的事情自己做,吃饭不挑食,不吃垃圾食品和"三无"产品,防止病从口入;引导小学生有运动意识与运动习惯,做到每天阳光锻炼一小时等。再次,班主任还可以用自己健康的生活习惯影响小学生的生活习惯。最后,班主任要掌握一些小学生生理健康的常识,在掌握本班小学生生理上差异性的同时,对遇到困难的小学生,也要及时予以帮助。

(2)心理健康指导的任务。小学生的心理健康主要体现在能够正确地对待自己、

---

[1] 李学农.班级管理[M].3版.北京:高等教育出版社,2018:150.
[2] 李学农.班级管理[M].3版.北京:高等教育出版社,2018:151.

对待他人、对待学习,在班级生活环境中有良好的适应性等方面。对小学生心理健康的指导应从以下方面进行:首先,帮助小学生逐步认识自己、认识他人、认识环境及与环境的关系,使小学生能逐步把握自己与环境的关系;其次,创造班级的健康心理氛围。心理健康也是环境的产物,健康的心理需要健康的环境。最后,关注班上有特殊需要的学生。这里讲的有特殊需要的学生主要是指有心理问题与障碍的学生,如多动症、孤独症、智力异常、学习障碍、行为障碍等学生。班主任要善于观察班级成员的心理变化,对有特殊需要的小学生进行特殊的指导。

四、小学生发展指导的类型

小学生发展指导有两种类型:一类是面向全体学生进行的集体指导,另一类是针对个别学生进行的个别指导。班级管理者最开始是面对一个班集体开展工作,因此,班主任对学生进行的发展指导首先是集体指导。集体指导的必要性不仅体现在班主任的管理工作是面向班级全体成员的,还体现在学生发展是处于集体中。学生的发展问题主要出自集体环境,这就要求他们应懂得如何在集体中发展。

(一)小学生发展的集体指导

1. 小学生发展集体指导指向学生发展的共性问题

小学生发展的集体指导是面向班级全体成员进行的,因此,这种指导指向这个班级全体成员发展的共性问题,可以是品德发展上的共性问题、学习发展上的共性问题、安全与法规方面的共性问题或健康发展方面的共性问题。不能把个别问题当成共性问题在全班提出,这样会影响集体指导的效果。有时小学生的个别问题具有共性,那么,班主任就可以把共性问题和个性问题结合起来提出并指导。

2. 把班委会和少先队工作指导纳入集体指导范畴

《中小学班主任工作规定》中要求班主任指导班委会和团队工作,这种指导也可视为对学生发展的集体指导。小学生在班委会和少先队里担任一定的干部工作,本身就是一种成长和发展。班级管理者是通过班委会和少先队工作来影响整个班级,所以,班主任也是通过班委会和少先队工作来对整个班级进行集体指导。从学生发展出发的班委会和少先队工作指导,不是通过班级固定的几名学生去发布自己的指令。这不仅不是学生发展指导,反而会阻碍学生发展。从学生发展出发的班委会和少先队工作指导,体现出班级关系的民主,促使学生积极参与,在推动班级组织建设中促进全班同学的集体发展。

(二)小学生发展的个别指导

班级管理者虽然面对一个班级集体,但是这个集体是由单个人组成的,是由有差别的个体组成的。每一位集体成员,都有自己独特的发展问题和要求。班级成员个体的发展会影响整个班级集体的发展。所以,班级管理者也要针对班级个体成员的发展问题来进行指导,这就是学生发展的个别指导。因此,班级集体指导要同班级成员的个别指导相结合。

1.正确认识班级成员的差异

认识班级成员的差异是开展个别指导的基础。我们可以通过对班级成员的类型分析,把握学生的个别差异。班级成员的差异有发展的差异和个性的差异两种。发展的差异是依发展目标来确定的。学校的培养目标就是学生的发展目标。用这个目标来衡量,就有我们一般概念上的"先进学生""中等学生"和"后进学生"之分。在班级管理活动中,我们不能用"差生"这个概念,绝不能给学生戴上"差生"的帽子。但是,在班级组织中不同学生对照发展目标确实存在着发展的差异。这种差异的存在,从教育促进学生发展的观点来看,正是提出在班级管理活动中进行个别指导的原因所在。

个性差异与发展差异不同,它不具有褒贬色彩,而是一个中性概念。个性概念分析起来,有时也是模糊的,因为人们对个性的理解看法不一,有时是从心理学的角度进行理解,有时又是从一般的生活角度上进行理解。但不管是从在哪个角度上进行理解,当我们说人与人之间存在个性差异时,往往并不把这种差异归因于个人的主观因素,而归因于非主观因素,如气质的不同、性格的不同、兴趣爱好的不同等。

2.个别指导的任务

在班级管理中,班主任的个别指导活动往往针对有违反班级行为规范的学生,但是,个别指导不应只关注有行为问题的学生,也应当关注学生的发展差异。个别指导要特别关注学生的行为问题。所谓"行为问题",有时也称为"问题行为",是指那些与班级行为规范相冲突的行为。班主任针对个别学生的行为指导,就是要努力使这些行为问题减少。学生在班级组织表现出的行为问题并不都是行为学习的结果,也可能有生理的、心理的或家庭的原因。用任何一种方法简单地去解决学生个体的行为问题,都会失败。一旦发现班级中的个体行为问题,就要及时采取措施加以纠正。在进行行为纠正之前,班主任需要做到以下几点。

(1)全面收集有行为问题学生的相关信息。如家庭情况,学生在进入本班之前的情况,各种课程的学习情况,学生的交友情况等。只有全面、深入地了解有行为问题学生的情况,才能有的放矢地解决好学生的行为问题。

(2)制定针对解决行为问题的方案。行为的个别指导并不简单,绝不能企图通过几次谈话或思想工作就能解决班级成员的行为问题。解决个别学生行为问题的方案主要有以下几种:第一,行为问题的类型与性质;第二,行为问题产生的外部原因和学生的个人原因;第三,解决行为问题适用的方法;第四,解决行为问题的过程;第五,对行为问题解决的结果进行评价。

集体指导与个别指导是统一的整体。班主任要根据不同情况将集体指导和个别指导结合起来。集体是由个人组成的,对集体的统一要求,是对集体中每一个个体的要求;集体要求的实现必须以每一个个体各自特点的发展为条件。集体指导、个别指导都要结合班级日常管理工作,采用多样的指导方法,通过多元的途径,体现出灵活性和创造性,因此没有固定的模式。

第三节　小学班级管理中的学生评价

《中小学班主任工作规定》对班主任提出,组织做好学生的综合素质评价工作,指导学生认真记载成长记录,实事求是地评定学生操行,向学校提出奖惩建议。[1]通过定期或不定期的学生评价,不但能及时发现班级管理中取得的成绩和好的做法,还能发现一些存在的问题,提醒班主任对自己某一阶段的班级管理效果做出总结和评价,促进班级管理工作更好地发展。

一、学生评价的概念

所谓学生评价,是指教育者依据一定的评价依据,采用一定的评价形式,对学生多方面的发展过程和状态进行价值判断,进而促进学生不断发展的活动过程。它是班主任为了促进学生全面、健康地发展,在系统、全面、准确地收集、整理、分析学生发展过程与发展状况信息的基础上,对学生的品德、智能、体能等各方面素质做出的综合判断。[2]

正确的学生评价在很大程度上影响着学生的发展,也是班主任工作顺利开展的关键。恰当的学生评价能促进学生的全面发展,提高班级管理水平,学生评价是教育

---

[1] 教育部关于印发《中小学班主任工作规定》的通知[EB/OL].[2009-08-12].http://www.moe.gov.cn/srcsite/A06/s3325/200908/t20090812_81878.html.

[2] 李耀文.和融班级文化建设[M].北京:中国书籍出版社,2019:113.

评价中非常重要的内容,在小学教育实践中具有重要意义。第一,促使作为教育主体的学生与所有的教育政策、措施相关联。第二,帮助教育政策的制定者、实施者和任课教师获得各种反馈,从而调整自身的教育工作。第三,学生能够通过评价,更为清楚、深刻、准确地认识自己,并不断提高自己。

二、班级学生评价的功能

(一)激励——导向作用

班主任对小学生的评价是依据一定的标准和最终所要达成的目标进行的价值判断。通过评价,引导小学生的行为朝着正确的方向发展,对于小学生而言尤其重要。皮亚杰研究指出:5岁左右的儿童常常把教师、父母等长辈的话作为行动标准,认为规则代表着权威,是神圣的,是不可置疑、固定不变的,他把这一阶段称为"他律道德"阶段。9—12岁的儿童开始认识到社会规则是可以改变的,因此,在判断他人行为时,他们开始考虑动机与情感问题,不再以成人的判断为标准,这一时期为"他律道德"阶段向"自律道德"阶段的转化。一年级的小学生正处于"他律道德"阶段,还没有完全形成对事和人做出合理评价的能力;而整个小学阶段又恰好处于由"他律道德"阶段向"自律道德"阶段的转化,对他们来说,成年人的权威判断至关重要。[①]

班主任对小学生的评价,是班级发展的风向标,能引导小学生朝着既定的教育目标和发展目标不断努力;同时,班级学生评价涉及学生的课堂表现、课外活动、人际交往等许多方面,恰到好处的评价对班级的整体发展具有积极的引导作用;班级学生评价既能帮助小学生学会根据标准和既定目标评价自己和他人,也能帮助小学生认识自己的行为是否合乎规范等。这些都对小学生的行为有鲜明的导向作用。

(二)鉴定——改进作用

班主任对小学生的评价,对于小学生在学习、行为、思想等方面的表现具有鉴定作用,也对班级管理目标的可行性与导向性效果具有鉴定作用。班主任通过评价小学生的过程,不仅可以全面综合地了解他们,还能进一步了解影响小学生出现不同表现的各种因素,进而及时调整班级发展的管理目标,改变管理思路,提高管理水平。同时,教师的评价能使小学生明确自己在各方面表现出来的长处和不足,并及时纠正自己的不良行为。小学生因为年龄小,道德认识的发展不完善,是非分辨能力差,班

---

① 邓艳红.小学班级管理[M].3版.上海:华东师范大学出版社,2022:241.

主任的评价可以为小学生了解自我、矫正自身行为提供参照。①

(三)沟通——互信作用

小学生比较在意班主任对自己的看法,他们对班主任是否经常关注自己、会如何评价自己很敏感。班主任除了要做好班级学生的思想道德教育和班级管理工作外,还要担任一门课程的教学工作,如果要和班级里的几十名学生都达到深度交流沟通,是很难实现的。班主任可以通过对学生的评价来实现与他们的沟通,达到了解学生并向他们传递自己思想的目的。学生在看到班主任对自己客观、公平、公正的评价时,不仅能了解自己的表现,更能感受到班主任对自己的关注、期待,从而更加喜欢和信任班主任,大大拉近了师生之间的距离,这将会给班主任开展班级工作带来极大便利,实为"双赢"。这种沟通产生的互信作用还发生在班主任与学生家长之间。因为教师、家长双方工作繁忙,见面交谈机会少,通过班主任的评价,家长可以了解孩子在校内的表现和今后的努力方向,与学校、教师密切配合,真正做到家校共育,为每一名学生的健康成长保驾护航。

三、班级学生评价的内容

学生评价作为教育评价的核心,主要可以从以下四个方面进行:第一,学生的学业成绩;第二,学生的社会品质;第三,学生的完整人格;第四,学生的发展目标。② 2001年第八次课程改革全面启动以来,越来越多的人开始关注教育过程中对学生的评价,国家也出台了针对学生评价的文件。如2002年颁布的《教育部关于积极推进中小学评价与考试制度改革的通知》强调,中小学评价与考试制度改革,要全面贯彻党的教育方针,从德智体美等方面综合评价学生的发展,培养学生热爱党、热爱社会主义、热爱祖国、诚实守信、助人为乐的高尚道德品质、终身学习的愿望和能力、健壮的体魄、良好的心理素质以及健康的审美情趣。评价内容要多元化,既要重视学生的学习成绩,也要重视学生的思想品德以及多方面潜能的发展,注重学生的创新能力和实践能力③,评价标准用清楚、简明的目标术语表述,主要包括基础性发展目标和学科学习目标两个方面的七个要求,为班主任明确评价内容及标准提供了依据,具体内容如下。

---

① 邓艳红.小学班级管理[M].3版.上海:华东师范大学出版社,2022:241-242.
② 李亚东,张行.教育评价发展的历史轨迹及其规律[J].江苏高教,2000(3):62-65.
③ 教育部关于积极推进中小学评价与考试制度改革的通知[EB/OL].[2002-12-27].http://www.moe.gov.cn/srcsite/A26/s7054/200212/t20021227_166074.html.

(一)基础性发展目标

1.道德品质。爱祖国、爱人民、爱劳动、爱科学、爱社会主义;遵纪守法、诚实守信、维护公德、关心集体、保护环境。

2.公共素养。自信、自尊、自强、自律、勤奋;对个人的行为负责;积极参加公益活动;具有社会责任感。

3.学习能力。有学习的愿望与兴趣,能运用各种学习方式来提高学习水平,有对自己的学习过程和学习结果进行反思的习惯;能够结合所学的知识,运用已有的经验和技能,独立分析并解决问题;具有初步的研究与创新能力。

4.交流与合作能力。能与他人一起确立目标并努力去实现目标,尊重并理解他人的观点与处境;能评价和约束自己的行为;能综合地运用各种交流和沟通的方法进行合作。

5.运动与健康。热爱体育运动,养成体育锻炼的习惯,具备锻炼健身的能力、一定的运动技能和强健的体魄,形成健康的生活方式。

6.审美与表现。能感受并欣赏生活、自然、艺术和科学中的美,具有健康的审美情趣;能积极参加艺术活动,用多种方式进行艺术表现。

(二)学科学习目标

各学科课程标准已经列出本学科学习的目标和各个学段学生应该达到的目标,并对评价方式提出了建议。

2013年发布的《教育部关于推进中小学教育质量综合评价改革的意见》再次强调,推进中小学教育质量综合评价改革,是推动中小学全面贯彻党的教育方针、全面实施素质教育、落实立德树人根本任务的重要举措,是引导社会和家长树立科学的教育质量观、营造良好育人环境的迫切需要,是基本实现教育现代化、加强和改进教育宏观管理的必然要求。确立了包含"品德发展水平""学业发展水平""身心发展水平""兴趣特长养成""学业负担状况"五个方面的评价内容,《中小学教育质量综合评价指标框架(试行)》中的20项关键性指标。[①]不仅为中小学教育质量评价提供了依据,也为班主任开展学生评价提供参考。

四、班级学生评价应遵循的原则

班主任对班级内学生的评价,要遵循以下五点原则,做到准确、客观、公平、公正,这也是班主任树立威信的有效手段。

---

① 教育部关于推进中小学教育质量综合评价改革的意见[EB/OL].[2013-06-08].http://www.moe.gov.cn/srcsite/A06/s3321/201306/t20130608_153185.html.

（一）科学性原则

科学性原则是指学生评价要遵循教育规律,在实践中要理论联系实际。这表现在三个方面:第一,学生评价的目标既要遵循教育规律,也要遵循学生成长规律,学生评价的鉴定性是为了满足学校进行教育分层的需要;第二,学生评价要以理论为指导,善于运用基础原理、科学方法,而不能只靠教师的主观判断;第三,学生评价的方案,要切实可行,确保评价客观、公正、准确。

（二）民主性原则

民主性原则是指学生评价的评价主体(包括学生)都要参与到评价中来,互相尊重、信任与协作,共同提高学生评价的质量。在学生评价中,评价者与被评价者的共同参与对评价质量的提高、增强评价效果具有重要作用。首先,要全面、准确地获得有关学生的信息,就需要各种主体的共同参与;其次,要充分提高学生评价的效果,就需要学生自身的参与,学生自评、互评与家长参与,可以增强各种教育力量在学生评价中的合力作用;最后,共同参与可以提高学生、家长的积极性和主动性。

（三）全面性原则

全面性原则是指要求学生评价的内容需要包含学生发展的各个方面。要实现学生的全面发展,必须客观评价学生的思想、心理、行为的各个方面,不能仅仅局限于学习成绩。同时,收集学生评价信息的来源也要全面,不但需要关注学生在校的信息,还需要关注学生在家庭、社会中的信息。只有掌握全面、准确的信息,才能有效地、中肯地评价学生。

（四）多元性原则

多元性原则与全面性原则紧密相连,具有多种表现形式,包括评价目标的多元性、评价方式的多样性、评价主体的多元性、评价视角的多维性。评价学生既要注重学生的特性和特殊方面,也要注重学生的全面发展,提高学生的综合素质。要针对学生的具体特征,使用多维评价标准。针对学生发展的不同内容,采用不同的评价方式,引入多种评价主体。

（五）发展性原则

2001年,教育部印发的《基础教育课程改革纲要(试行)》强调,建立促进学生全面发展的评价体系。评价不仅要关注学生的学业成绩,而且要发现和发展学生多方面的潜能,了解学生发展中的需求,帮助学生认识自我、建立自信。发挥评价的教育功能,促进学生在原有水平上的发展。①

发展性原则要求评价者要以发展的观点看待学生,在发展过程中评价学生。首先,班主任要认识到学生的成长不只是过去发展的结果,也预示出未来的发展潜能和发展方向,要通过肯定性评价,帮助学生树立自信,促进潜能向现实能力的转化;其次,班主任要关注学生的表现,准确掌握学生的日常行为与变化,循序渐进地帮助学生实现发展。

五、小学生评价的方法

(一)小学生的操行评定

1.操行印象评定法

操行印象评定法是指评价者根据自己对学生的品行印象所进行的整体评价。这种方法使用成本低,简单迅速,但评定的主观性、片面性较强。因为这种评价不但直接受到评价者本人的品德判断标准所制约,而且还与评价者和学生接触时间的长短、接触面的宽窄以及接触的深度有关。所以,这一评价较多地适用于即时性、介绍性等非正式评价。

2.操行评语评定法

操行评语评定法是指评价者对学生进行长期接触和观察后,根据一定的标准对学生的品德状况进行的陈述性评价。这是一种定性的评价方法,在学校中普遍采用。

评语是指在每个学期结束时,班主任用一段恰当的文字,对学生本学期在各个方面的发展情况所作出的评价。虽然它通常作为学生综合素质评价手册中的一部分,但对班主任来说,却是一项非常重要的工作。中肯而充满善意与期待的评语,不仅能帮助学生正确地认识自己的长处与不足,明确进一步努力的方向,而且能拉近学生与班主任心灵上的距离,让学生感受到班主任对自己的关心与关注。撰写评语也体现了班主任对学生的全面了解,是班主任获得学生信任的重要途径。进行操行评语评定的要求是:内容要全面、客观、实事求是;表达要明确,言之有物;语言要温馨,以鼓励性的语言为主。让学生感受到班主任对自己的情感和期望,而不是冷冰冰地说教和评论。

---

① 教育部关于印发《基础教育课程改革纲要(试行)》的通知[EB/OL].[2001-06-08].http://www.moe.gov.cn/srcsite/A26/jcj_kcjcgh/200106/t20010608_167343.html.

评语不仅仅是一种评价方式，还是一种教育手段。要充分发挥评语的教育作用，班主任应注意以下两点。第一，注意平时的资料收集。班主任要细心观察学生，善于发现学生的闪光点，并及时记录学生的变化和点滴进步。班主任可以充分利用学生的成长档案袋，广泛地收集展示学生成长的资料，定期整理和阅读资料。只有平时多积累，才能为评语的撰写奠定坚实的基础。第二，借助评语互动。班主任应认识到，并不是每一名学生、每一位家长都会在意班主任的评语。因此，班主任可以让学生及家长写下阅读评语的感受和评论，借助评语促进师生之间、班主任与家长之间的交流，拉近彼此的距离。为了促成相互沟通，班主任还可以具体提出需要反馈的问题，以便得到学生与家长尤其是家长的重视。

3.操行积分评价法

操行积分评价法是指在操行加减评定法的基础上进一步深化，对学生的各种行为评价记分之后再将分值综合相加出总分值，并将总分值划分为不同的等级。如百分制中，高于及等于85分为优，高于及等于70分且低于85分为良，高于及等于60分且低于70分为合格，低于60分为不合格。这一方法不但具有考核评价的量化特征，同时也通过量化积分的等级评定而初步引入定性评价，既考虑了品德评价的客观性特征，也融合了定性评价的简洁性特征，因而在学校教育中被普遍使用。

(二)小学生成长档案袋评价

1.学生成长档案袋

2002年发布的《教育部关于积极推进中小学评价与考试制度改革的通知》强调，学生是成长记录的主要记录者，成长记录要始终体现诚信的原则，要有教师、同学、家长开放性地参与，使记录的情况典型、客观、真实。班主任要充分认识学生成长档案袋的作用，正确使用学生成长档案袋这种评价形式。

从班级管理角度来看，学生成长档案袋主要保存了学生在成长过程中各种比较有意义的资料，能翔实展示学生成长中较重要的经历，为班主任了解学生和客观评价学生提供丰富的证据。根据档案袋的不同功能，可以分为以下三种主要类型。

(1)记录型档案袋。主要是详尽、真实地装载学生学习和其他各项活动中的各方面材料，以获得关于学生发展过程中的完整信息。可以由学生、教师、家长及其他相关人员共同完成。

(2)展示型档案袋。主要是收集由学生自己选择出来的自认为最好的作品或最喜爱的作品，以期望向家长或其他人展示。

(3)评价型档案袋。主要是根据预定的评价标准存放学生的相关材料,以反映目标达成程度的形式。

2.学生成长档案袋与班主任工作

班主任的职责在于对全班同学进行全方位的教育和管理。因此,能够动态地反映学生发展过程与状况的档案袋形式,有助于班主任全面、详尽地了解学生,客观、准确地评价学生,有针对性、发展性地教育学生。班主任还可以利用档案袋的形式发展学生的收集和整理信息能力、批判性思考能力、反思能力等,增强学生的自信心。

(三)小学生综合素质评价手册

小学生综合素质评价手册是由各级地方教育行政管理部门设计制定的,力求对一个学期中学生各方面的发展过程和发展状态进行全方位评价。这种评价形式的推广有些地方是自上而下模式,即由教育行政管理部门主持研制试验后逐步推广到各个学校;也有些地方是自下而上模式,即先由某一所学校研制、试行,得到教育行政管理部门认可后再推广。以下提供一些示例。

1.北京市的《小学生综合素质发展评价手册(试行)》

1986年,北京市开始试行小学生质量综合评价工作,彻底摆脱以往单一评价主体、单一评价内容、终结性的"成绩单"形式,改为由学生自评、同学互评、家长评价、任课教师和班主任评价相结合,形成性评价与总结性评价相结合的多方面、多角度评价方式。1995年,新学期刚开始,《北京市小学生质量综合评价手册》即在全市推行。

2009年,新版的《小学生综合素质发展评价手册(试行)》包括"校训、班训""我的自画像""思想道德""学业成就""综合实践活动""身体健康""心理健康""审美素养""个性发展"和"我的收获"十部分内容。首页突出了爱国主义内容,有"校训""班训"等内容;"我的自画像"设计为一个粉红色的信封,小学生可以贴上自己的小照片,并用文字、绘画等形式填写;"学业成就"除了各门课程(包括综合实践活动)的成绩外,还包括对学生的平时评定;"心理健康"主要评价学生自我认识、人际关系、适应环境的能力等方面。每一部分评价都包括体现发展过程的形成性评价和综合评价,且都分为自评、互评、教师评等方式。

2.辽宁省的《小学生综合素质评价手册(试用)》

辽宁省的《小学生综合素质评价手册(试用)》则分为"成长空间""基础素质""课程评价""才艺展示""成功记忆""心灵相约""综合素质"七部分内容。"成长空间"主要包括学生的自我介绍、家庭介绍和班级介绍;"基础素质"旨在评价学生在品德习惯、学习能力、交流与合作、运动与健康、艺术素养等方面的表现;"课程评价"主要是对学生各学科学习及综合实践活动、地方课程和校本课程的学业成就进行评价,采用优秀(A)、良好(B)、合格(C)、需努力(D)四个等级记录;"才艺展示"主要展示小学生的个性、特长;"成功记忆"主要记录小学生的获奖情况和参加各级大型活动情况;"心灵相约"主要用于表达家长、同学、教师的期望和建议;"综合素质"则以"综合素质评价报告单"的方式将小学生各方面的素质综合地表现出来,是对小学生素质的全面展示。

3. 成都市高新三小的《小学生"争章夺星"评价手册》

从2000年开始,四川省成都市高新三小(现名芳草小学)开始尝试实行"争章夺星"评价制度。他们在自行研制的《小学生"争章夺星"评价手册》首页写道:我们是耀眼的章和星,我是由评比栏上的红花换来的。当我攒够了红花时,我就成了你的伙伴——"炫目"的章;当你获得足够的"章"时,我就属于你——爱你的"星";评价手册扉页印有激励孩子们的话语:"争章夺星——我能行!"[①]

评价内容沿德育、教学两翼展开。评价手册把以"章"为载体的奖项分为三类,"基本章""发展章""特长章",激励学生择其一方面或几方面优势充分发展。评价方式非常注重过程性评价,当学生所获得的基础奖章、发展奖章、特长奖章达到一定数量时,可评以"星"为载体的"单项星"和"综合星","单项星"旨在鼓励学生发展特长,"综合星"则旨在激励学生全面发展。

(四)"三好学生"及优秀学生评选

为了树立学生身边的榜样,激励学生获得更大的进步,进行优秀学生的评选和表彰是学校中一项非常重要的教育活动。其中最为大众熟知的并沿袭多年的办法就是评选"三好学生"和"优秀学生干部",一般都是以班级组织为单位进行推荐。

1. "三好学生"评选的由来

1953年,中国新民主主义青年团第二次全国代表大会期间,毛泽东主席发表的《青年团的工作要照顾青年特点》重要讲话提出,"三好"作为团工作的方向,要求青年们做到"身体好、学习好、工作好"。从此争当"三好"的活动在全国迅速开展起来,大大激发了青少年积极向上的热情。1955年,教育部发布了《小学生守则》和《中学生守则》,其中提到"努力做个好学生,做到身体好、功课好、品行好","三好学生"的评选活动在全国教育系统普遍推行开来。

---

① 张泽科."争章夺星"求每一个学生成功:成都高新三小创新学生评价[J].四川教育,2003(12):14.

1982年,教育部、共青团中央发布《关于在中学生中评选三好学生的试行办法》,倡导在学校里评选"三好学生",规定"三好学生"的标准是:思想品德好、学习好、身体好。还着重提出了"三好学生"的奖励待遇,如有条件的学校,适当赠送一些学习用品;连续几年被评为"三好学生"的学生,在假期活动中,升学和工作分配上都给予优先选择的机会。"三好学生"评选从此制度化。

2.关于"三好学生"评选的存废争论

"三好学生"评选制度是我国教育界普遍实行的一种学生评价机制,然而在当前却掀起了一场激烈的存废之争,时至今日仍余波未平。赞同继续坚持"三好学生"评选制度的人认为,"三好学生"评选制度建立在深厚的历史基础之上,体现了我国培养全面发展下一代的教育目标与诉求。"三好学生"评选制度是依据全面发展的教育方针建立的,为学生的健康成长树立了良好榜样,有利于引导和促进学生身心的健康发展。而主张废除"三好学生"评选制度的人认为,"三好学生"评选制度中只有少数学生受表彰,与大众化教育的时代要求不符。"三好学生"评选制度在实际操作层面存在着过分关注学习成绩,以"一好"(学习好)替代"三好"的现象。"三好学生"评选制度附加了许多功利性质,并导致教育腐败的滋生和蔓延,造成极为不良的社会影响。[1]

以上两种观点的论述充分说明,"三好学生"评选制度作为特定社会历史条件下的产物,有其存在的合理性,但随着时代的发展,只有对其进行科学而合理的改革,才能更加符合新时代的学生评价需要。

3.新时代优秀学生评选的积极尝试

针对"三好学生"等优秀学生评选过程中出现的一些问题,很多地区和学校对优秀学生的评选从评选条件、评选模式、评选过程等方面都进行了积极的改革尝试。如北京市教委于2009年发布了新修订的《北京市中小学市级三好学生、优秀学生干部和先进班集体评选办法》,评选标准调整了对市级三好学生学科成绩的要求,提高了对身体健康的要求,进一步加强了评选的公开性与平等性(延长了评选结果的公示时间,并指出外地借读生也可以参评市级"三好学生")。为了增强品德评价标准的可操作性,北京市还在出台新版《小学生综合素质发展评价手册(试行)》时,规定"三好学生"评选应与学生的综合实践活动和公益活动挂钩。[2]

江苏省南京市鼓楼区经过调研、讨论达成共识,只在六年级继续保留评比"三好

---

[1] 刘晓."三好学生"评选制度的存废之争与考量[J].中国教育学刊,2014(6):19-20.
[2] 北京市中小学市级三好学生、优秀学生干部和先进班集体评选办法[EB/OL].[2009-05-31].https://jw.beijing.gov.cn/xxgk/zfxxgkml/zfgkzcwj/zwgkxzgfxwj/202001/t20200107_1562668.html.

学生",其他年级均增加"鼓楼之星"的评选。新型的"鼓楼之星"评选制度是在广泛征集学生、教师等各方面意见的基础上形成的,分别从思想品德素质、科学文化素质、个性心理素质、审美素质等方面设置了10颗星:合作之星、学习之星、体育之星、艺术之星、自理之星、希望之星、自强之星、创造之星、读书之星、环保之星。受奖励的学生人数也比原先的"三好学生"评选扩大了许多。[①]新的评选制度还推动了一些学校的评选创新,如察哈尔路小学设立了月奖励制度:各班每月都评出"写字之星""劳动之星""进步之星""纪律之星""读书之星""学习之星""文明之星";学校还专门开辟"星星"专栏,把被评为各种"星"的学生照片贴在专栏上,及时表彰先进,树立典型。全校约80%的学生都能得奖,激励更多的学生追求进步。

四川省成都市高新三小在实施"争章夺星"评价时,既具有统一性,又具有灵活性。根据实际情况设预习章、合作章、质量章、表演章……学生可以自主选择"发展章"和"特长章"。有些教师还把"争章夺星"游戏化、趣味化。如根据语文课程标准的目标要求,用儿童化的语言将"阅读积累章"达标要求表述为"我爱书,爱读书,读书真快乐;我学普通话,好好把书读,我有好办法,了解好词句;学会默读不出声,认识标点真有趣;儿童读物真丰富,我与朋友共分享"。这样,评价不再是强制性的、令人生畏的一种评判,而变成了更加贴近学生、吸引学生、激励学生的活动。[②]

还有许多学校都做了新的尝试,但这些尝试是否存在弊端呢?是否在实施时也出现了形式主义倾向呢?新的评选制度不但要准确、全面地评价学生,而且可操作性要强,能长期、充分地发挥出评价的发展性功能。这是一个需要在理论实践中继续探索的课题。

思考练习

一、名词解释题

班级日常行为管理 班规 学生发展指导 学习指导 学生评价

二、简答题

1.小学生日常行为管理的具体内容有哪些?

2.小学班级日常管理常用的方法有哪些?

3.制定小学班级班规的意义是什么?

4.制定小学班级班规时的注意事项有哪些?

---

① "三好生"评选该不该废止:南京尝试改革[EB/OL].[2008-09-18].https://www.eol.cn/jiangsu/jiangsunews/200809/t20080918_326059.shtml.

② 张泽科."争章夺星":求每一个学生成功[J].四川教育,2003(12):14.

5.小学生发展指导的主要内容是什么？

6.小学班级管理中对小学生评价的主要功能是什么？

7.小学班级管理中对小学生评价的主要内容是什么？

8.小学班级管理中对小学生评价的基本原则是什么？

三、实践探究题

1.实际调研小学某班级学生发展状况及成长需要，并制定其班规。

2.对你熟悉的某一名小学生的身心发展状况写一份评语，并了解其看到评价后的感受。

第三章 小学班级活动管理

》学习目标

1. 了解小学班级活动的内涵、类型、意义和特点。
2. 理解开展小学班级活动的原则。
3. 熟悉小学班级晨会活动、小学班会活动和少先队中队活动的特征和意义。
4. 了解开展小学班级活动的新趋势。

　　班级活动是班级成员在班级环境内开展的有组织、有目的、有计划的各种教育活动。班级活动是小学生接受学校教育的重要内容，是班级集体教育的重要形式。班级活动开展的成效在很大程度上影响着学校的教育教学质量。开展内容丰富、形式多样的班级活动对促进小学生全面发展，加强班集体建设具有重要意义。科学规划与组织班级活动，不仅是班主任能力素质的基本要求，也是班主任的主要工作任务之一。如何使班级组织既有纪律又有活力，有赖于班级活动的开展。班主任做好班级活动的管理，需要从班级管理理念、学生群体特性、活动内容等方面入手，尽可能地设计符合小学生身心发展实际需要和具有创新性的活动，从而调动小学生参与班级活动的主体性，助力小学生身心的全面发展和班级凝聚力的形成。

第一节　小学班级活动概述

班级活动是由班级全体成员参加的集体教育活动。小学班级活动有广义和狭义之分：广义的班级活动是指在教育者的组织和领导下，为实现培养目标、完成教育计划而组织的由班集体成员参加的一切教育活动，包括学习活动、生活活动、班会活动、团队活动以及综合实践活动；狭义的班级活动是指为了实现班级教育目标，在班主任的组织和引导下或在班主任的引导下，由小学生自己组织，并由班级全体学生共同参与，在课堂教学以外时间开展的各种教育活动。这两类活动在促进学生健康成长的过程中发挥着不同的作用，本章的小学班级活动是指狭义的班级活动。

一、小学班级活动的类型

根据不同的分类方法，班级活动被划分为不同的类型。根据活动的地点，分为课内班级活动、校内课外活动和校外活动。根据活动的时间，分为常规性活动和非常规性（即时性）活动，常规性活动包括晨操、晨会、主题班会、打扫卫生、升旗仪式等；非常规性活动是指根据一定的班级状况设置的不定期活动，如郊游、志愿者活动、参观德育基地等。根据活动的对象，分为个体活动和群体活动，个体活动是指学生独立完成某项任务的活动，如演讲比赛、书法比赛等；群体活动是指依据班级整体活动而设计的，如辩论赛、助残日活动等。[1]

根据活动的教育目的，分为思想教育类主题活动、知识拓展类主题活动、学习指导类主题活动、生活引导类主题活动、审美怡情类主题活动。思想教育类主题活动是指以思想品德教育和行为规范训练为主要内容的班级活动，通过班会、团会等方式进行，培养小学生的良好行为习惯；知识拓展类主题活动和学习指导类主题活动是指提升学生对学习的兴趣、拓展知识面、加强技能训练的活动，主要通过知识竞赛、课外兴趣小组等方式进行；生活引导类主题活动是指通过举办教育类活动，培养学生的生存技能、生活技能和交往技能，帮助他们更好地融入社会；审美怡情类主题活动是指培养学生在文艺方面的兴趣，通过艺术品欣赏、演唱比赛、绘画活动等方式培养小学生的审美情趣。[2]

根据学生对班级活动的认知，以学生为主体且依据活动具有的时代特色、趣味性等特点，分为主题型活动、知识型活动、交流型活动、娱乐型活动、实践型活动。主题型活动，一般是指主题班会活动，即班主任根据班级学生的年龄特点和成长中的实际问题，拟定一个学生比较感兴趣的、针对性强的主题；知识型活动是指培养学生对基

---

[1] 张作岭,宋立华.班级管理[M].3版.北京:清华大学出版社,2019:142.
[2] 田恒平.班主任理论与实务[M].北京:首都师范大学出版社,2007:202-204.

础学科的兴趣,以扩展并运用学科知识、加强技能和智能训练为主,进行良好的道德品质、行为习惯、心理素质的培养和学习方法的指导等;交流型活动是指通过文字交流和语言交流,提升学生思想教育水平的活动,主要有主题演讲、辩论、座谈讨论等活动;娱乐型活动即寓教于乐的过程,是指通过组织演唱会、艺术品欣赏等活动,助力学生形成健康的审美情趣,发展学生对艺术的喜爱;实践型活动是指将学校、家庭和社会联系起来,通过参观访问、实地考察、调查等方式,让学生接触社会、观察社会、了解社会、增长知识、增长才干。

二、小学班级活动的意义

小学班级活动作为学校教育活动的重要组成部分,涉及了小学生学习和生活的各个方面,对于学生的发展、班集体的建设具有重要意义。因活动范围广泛、活动内容丰富、活动形式多样深受小学生喜爱,在教育过程中有其独特的、课堂教学所不能替代的作用。下面将从小学班级活动对班集体的发展和小学生个体发展两个方面分析其重要意义。[①]

(一)有利于班集体的形成与发展

1.班级活动能增强班级凝聚力,提升集体荣誉感

在学校里,有些活动需要以班级为单位开展,如校园运动会、校园文艺晚会、阅读比赛等。这些活动往往能增加学生之间的交流与互动,从而增强班级凝聚力。如在运动会上,有的同学作为参赛选手在赛场上奋力拼搏;有的同学作为啦啦队,在观众席中鼓劲呐喊,加油助威;还有的同学作为"智囊团",为更好地完成"团队作战"出谋划策。班级活动是增进学生关系的桥梁,通过这些活动的开展,可以明显感受到学生之间的关系更近了,班集体的意识更强了,学生之间的合作更有默契了;同时,这些活动还能促进学生之间相互理解、互相关怀、增进友谊、增强合作意识。不论是班上的同学获得了表扬,还是班集体得到了赞扬,作为班集体中的一员,都会为之高兴,从中提升学生的集体荣誉感。

2.有利于形成正确的集体舆论和良好的班风

集体舆论是指在集体内占有优势,被大多数学生所赞同的言论和观点,通常以议论的形式肯定或否定集体的动向和集体成员的言行。班级活动是在班主任的组织和领导下开展的,因此班级活动的重心与导向均由班主任把控。班主任对正确的、合理

---

① 付学成,吕炳君.班级管理的理论与实践[M].北京:北京师范大学出版社,2016:41-42.

的言行加以肯定和赞扬,有利于通过班级活动形成正确的集体舆论和良好的班风。正确的集体舆论,有助于学生积极健康向上地发展,增加班上好人好事行为的发生,提高学生明辨是非的能力,激发学生的班级责任感和荣誉感,有利于维护班集体荣誉,从而形成良好的班风。

(二)促进小学生个体的发展

1.促进小学生德智体美劳各个方面的发展

班级活动的内容丰富、形式多样,可以充实学生的校园生活,增加学生之间、师生之间、学生与社会之间的联系,让学生有更多的成长体验。"礼仪伴我行"教育实践活动可以规范学生礼仪,培养学生文明的礼仪习惯,展示自信、快乐的精神风貌;知识科普活动可以增加学生某一方面知识的深度和广度;手抄报活动可以让学生在提升动手操作能力的同时提升审美观;"校园一角清洁"活动,可以提升学生的劳动意识,促进他们养成爱干净、讲卫生的好习惯。因此,班级活动的开展可以不同程度地促进学生德智体美劳各个方面的发展。

2.扩展接触领域,提升学生兴趣、发展特长

班级活动的开展可以丰富学生的校园生活,让学生感受到学习中的乐趣,拓宽视野,增加知识面。在多种多样的活动中,学生可以根据自己的意愿和兴趣选择喜欢的活动,丰富他们的精神生活,获得更多的情绪体验,满足自我发展的要求,让自己身心愉悦、充满自信、积极向上,真正做到劳逸结合。学生还可以通过参与丰富的班级活动发展自己的特长,让自己的能力得到充分的发挥;也可以增加与他人交流的机会,增进同学之间的感情,学会处理各种人际关系。班级活动的开展,有利于促进小学生身心健康地发展,与此同时,还能发挥其主体性,培养其独立性、创造性和工作能力。

三、小学班级活动的特点

班级活动在内容、形式、方法等方面存在着多样性,良好的班级活动存在着一些共同特点,如活动性质的自愿性、活动目的的一致性、活动主体的差异性、活动形式的灵活性和活动内容的丰富性。[1]

(一)活动性质的自愿性

班级活动与课堂教学不同,课堂教学是学校根据教育目的、课程标准拟定的课程

---

[1] 齐学红.班级管理[M].北京:北京师范大学出版社,2015:130-131.

目标,教师按照教学大纲要求拟定教学目标和内容,以班级授课制的方式开展,因其具有基础性、普及性和发展性,学生在学习时带有一定程度的强制性。班级活动则可以由学生根据自己的兴趣、爱好自由选择参加自己感兴趣的活动。在班级活动中,教师可以引导学生参加,但不能强迫学生参加,因此,班级活动的性质具有自愿性。

(二)活动目的的一致性

班级活动形式多样、内容丰富,但不论是社会实践活动、文体活动、科普活动还是主题班会活动,其活动的目的都是促进学生德智体美劳等方面的发展。促进学生健康快乐地成长,成为一个有道德情操、有思考能力、有审美能力、有健康体魄、身心健康、热爱劳动的人。

(三)活动主体的差异性

班级活动的主体是学生,他们在成长过程中存在个体差异性。性格上,有的同学性格外向、活泼好动、善于交际,有的同学性格内向、寡言少语、喜欢独处;学习上,有的同学语言学习能力强,有的同学逻辑思维能力强,有的同学空间结构能力强,还有的同学兼具多种文艺才能(体育、音乐、绘画等)。作为班主任要了解学生的个体差异,善于发现班上每一名学生的"闪光点",并引导学生在不同的班级活动中发挥特长并弥补不足。

(四)活动形式的灵活性

班级活动的规模可大可小,开展的形式灵活多样。可以根据参与活动的规模,分为全校开展的校级活动,如运动会、庆"六一"文艺汇演;班级开展的内部活动,如郊游、志愿者活动等。同一个活动目标,可以开展多种活动形式,如为增加学生的知识储备量,可以采用知识科普讲座、科普兴趣小组活动、科普知识竞赛、科普知识宣传等方式;为提升学生的文艺才能,可以开展唱歌比赛、小型运动会、班级文艺晚会、节假日庆祝等活动。

(五)活动内容的丰富性

班级活动的内容十分丰富,范围非常广泛。班级活动不受学科教学中课程标准的限制,凡是符合教育教学要求,能促进学生身心健康发展的教育活动,都可以纳入班级活动中。在班级活动中,有可以增长学生知识的科技活动,有可以提升学生审美能力和创造能力的文艺活动,也有可以培养学生顽强拼搏的体育运动。班级活动可以根据学生的兴趣调整,从而丰富活动内容和活动方式,让学生在丰富多彩的活动中找到适合自己发展的项目。

四、小学班级活动的原则

各个班级在开展班级活动时,会在活动目标、活动内容、活动方法、活动形式上存在一定的差异,但每个活动要取得预期效果,除了需要考虑活动的基本特点外,还需要遵循班级活动的基本原则,以保证班级活动的整体水平和质量。以下将对班级活动的教育性原则、针对性原则、多样性原则、主体性原则、易操作性原则、创造性原则六个方面进行解读。[①]

(一)教育性原则

任何一个班级活动,都应有清晰、明确的教育目标,因此,开展班级活动需要遵循的第一项原则是教育性原则。班级活动的目标要符合新时期的教育方针,能促使学生在德智体美劳等方面得到发展,让学生在活动过程中增长知识、提升技能或者提高思想意识。活动过程中学生通过体验的方式达成教育目标,活动结束时也应该有教师的总结,点评出本次活动的主旨,升华主题。

(二)针对性原则

班级活动的开展要有针对性,不同年级的班级活动形式应该有所变化,班级风格不同,活动方式也有差异。同一主题的活动,面对不同年级、不同班级的学生,其内容、深度与形式就应该有所不同。低年级的学生纯真、善良又活泼好动,他们的活动应该富有趣味性;高年级的学生理性、善于思考、自主意识较强,他们的活动应该具有深度,并能激发他们的思考能力和创造性。不同班级存在的问题不同,班级活动的开展越能针对班级的实际问题,解决问题的效果就越好。有的学生缺乏自主意识,不知道哪些事应该自己做,因此可以开展"自己的事情自己做"的班级活动,通过观看视频、讨论和分享的方式,让学生意识到有哪些是需要自己独立完成的事情,如系红领巾、整理书包、削铅笔、洗袜子等。

(三)多样性原则

班级活动在内容、形式、组织方式上丰富多样,才能调动小学生的积极性,实现班级活动开展的意义。丰富多样的班级活动不仅能满足小学生在德智体美劳各个方面的发展要求,促进小学生全面、和谐地发展;同时也能适应小学生活泼好动的心理特点,激发他们积极参与到活动中的热情,使活动有效地开展。如文艺、知识、科普等活动内容;文艺演出、校外实践、知识竞答、演讲比赛等活动形式;班级、小组、个人等活动分组方式。

---
① 张作岭,宋立华.班级管理[M].3版.北京:清华大学出版社,2019:143.

(四)主体性原则

班级活动是以学生为主体的教学活动,在活动过程中学生是主体,教师是重要的组织者和引导者。班级活动的目的是促进学生的成长和进步,因此,班主任要设计好活动过程,尽可能调动全班同学的兴趣,让各个班委协调好活动的开展,这样才能让学生感受到活动带给他们的乐趣与能力的提升。

(五)易操作性原则

活动的开展要具备易操作性,班级学生的时间、精力和活动资源有限,因此活动规模与活动频率应当适中。从规模上看,分为日常活动和主题突出活动。日常活动是每天都要开展的,注意短、小、实,短是指时间短,一般为3—5分钟;小是指小问题,针对班级里的某一件事或学生的某一个行为;实是指实际问题,不用面面俱到。主题突出活动,具有代表性的则是主题班会,主题班会应目标适宜、主题集中、过程简洁。活动频率不宜过多,也不宜过少。过多容易让学生花费较多的时间、精力在活动上,减少学习时间,也会让学生难以静下心来认真学习;过少则容易让学生感到学习乏味、枯燥,影响学生身心健康的发展。

(六)创造性原则

活动的开展要具有创造性,让学生在活动过程中逐渐发展其创造精神和实践能力。小学生的创造性多为在原有内容和形式上"加一加""移一移""变一变""改一改",让活动充满时代感,变得更加丰富多彩、生动活泼,具有生命力,从而吸引学生参加。人的创造力应从小开始培养与发展,班级活动则是一个让学生既能兴志勃勃地参与其中,也能培养创造力的有效途径。

第二节　小学班级活动的形式与组织

班级活动是班级成员基于共同目的联合起来并完成的,具有一定社会职能的活动的总和。小学班级活动对小学生个体的个性化和社会化发展具有重要作用。在小学班级管理工作中,班级活动形式多样、内容丰富。学校举行较多的班级活动主要有小学班级晨会、小学主题班会活动和少先队中队活动等。[1]

---

[1] 张作岭,宋立华.班级管理[M].3版.北京:清华大学出版社,2019:147.

一、小学班级晨会活动

班级晨会是指在早晨让学生集中起来,教师利用课前5—10分钟时间,总结或提出要求、安排学习的一种管理方式。晨会一般分为固定的项目和临时增加的内容。固定的项目是指班集体和班级成员在学校中常规性的活动需要;临时增加的内容是指班级内的突发事件、学校的某些临时要求。晨会可以让学生在每天上课前集中注意力,产生良好的学习风貌,提高学习效率,养成遵守纪律的好习惯。晨会活动一般有以下四种形式。

第一,全校性的晨会活动,如升旗仪式、专题讲话和校园广播等。在这类晨会活动中,班主任要保证本班学生参加活动的人数,维持学生在活动过程中保持安静的纪律。尤其是升旗仪式,能够使学生热爱祖国,树立民族意识,增强为国家富强而努力奋斗的责任感。因此,班主任应让学生知道升国旗是一个非常严肃、隆重的仪式。升国旗时不应在场内来回走动,不能东张西望、交头接耳、嬉闹谈笑,所有在场人员都要肃立、端正,眼睛望着国旗行注目礼,并随国旗上升而缓缓抬头。专题讲话是围绕校园生活,针对学生实际,通过专题讲话,进行某一方面的教育,总结学生行为表现的情况。校园广播则是表扬好人好事,播报学校一周要闻、校园风采、名人名言,使学生了解学校新气象,从多方面获取知识,丰富学校生活,培养学生良好的习惯。

第二,按照学校规定由班级自行组织的晨会活动。如学校规定开展"心理健康教育"活动,班主任就要选择与心理健康相关的内容,在班级中开展心理健康教育。这类活动需要班主任根据学校要求,选择恰当的主题内容来组织学生开展。如以"珍爱生命"为主题,可以开展播放简短视频、讲解最新案例、组织学生讨论并分享等活动。

第三,有计划自主安排的班级晨会活动。在这类活动中,班主任的管理作用则更加突出。班主任要依据班级的教育目标和工作计划,结合班级学生的特点,联系班级实际情况、安排活动内容、设计活动形式、开展班级活动。班主任可以分享近期发生的与学生成长相关的新闻,分享能促进学生遵守校规校纪或养成良好行为习惯的新闻。

第四,需要临时增加的班级晨会活动。一般是可能会危及正常上课秩序的重大事件,如余震、疫情;或者是班级内的突发事件,如学生打架斗殴或出现不良行为;又或者是校园内发生的其他临时事件。

晨会时间虽然只有短短的几分钟,但是积少成多,只要班主任认真精心准备,学生定会从中收获颇多。晨会活动如同学生的精神早餐,有了班主任的精心烹饪,一定会变得营养丰富,色香味俱全,滋养学生的身心。上好每堂晨会课,让我们共同演绎精彩几分钟。

二、小学主题班会活动

(一)小学主题班会的概念与意义

主题班会是班级活动的主要形式之一,是指以班主任为主导,根据教育、教学要求和班级学生的年龄特点以及身心发展水平,选择设计符合小学生的,围绕某一主题,有计划、有目的地开展的一种班会活动。[1]小学阶段是学生身心发展的黄金时期,满足学生身心健康成长与学习的需求是主题班会的重要功能。主题班会是构成班级公共生活的关键要素,在整个班级建设和学生成长发展当中发挥了重要作用。教师在开展主题班会时要有综合性思维,既要考虑当前学生的发展需要,也要考虑当前社会的发展需要。要尊重学生的兴趣,立足学生全面发展,体现活动中学生的主体性、活动内容的生活性、活动过程的生成性、活动成果的延伸性,让学生在轻松愉快的氛围中接受教育和指导,体现出学生的各自优势和内在潜能。班会活动的开展,可以让学生实现自我教育,让学生与教师之间的关系更加和谐,同时有利于增强班级的向心力和凝聚力。

(二)小学主题班会的类型

主题班会是指以学生为主体,班主任为主导,围绕某一个主题而开展的有计划和目的,形式多样、内容丰富并且情境化的班集体活动。主题班会有别于常规班会,它要求内容集中,形式新颖并富于变化,尽量使全班同学都能够进入"会议"要求的角色,力求使"会议"形成突出的效果并能在"会议"结束后延伸下去,达到提高学生的自我认识能力和自我教育能力,加强集体建设的作用。小学主题班会主要有以下类型。

1. 体验型

在主题班会里对一个主题进行比较深入的体验,能使学生达到对这个主题的深层次理解。主题班会可以通过角色扮演、情境设置等方式进行,为学生提供一定的参与空间,使学生有深刻的体验,培养学生良好的行为习惯。如同学之间的矛盾,采用情景剧的形式,模拟情境,学生换位扮演,既能很好地化解矛盾,也能起到较好的教育作用。体验式班会,情境越真实,学生的体验越真实,学生所获得的感受也越深切。

2. 讨论型

讨论的主题要恰当,针对展示的问题和现象,引导学生发表自己的见解,让学生能够有话可说,有理可辩,讨论主题应该是精心策划、深思熟虑过的。一般经过情境

---

[1] 齐学红.班级管理[M].北京:北京师范大学出版社,2015:139.

创设、自由讨论、表述见解、师生总结四个阶段。讨论的时间要充分,讨论的空间形式要合理、多样,一般同桌两个人或前后桌四个人形成一个讨论小组。如为了培养学生热爱劳动,自己动手的意识,开展"家里的事情帮着做"主题班会,可以让学生自由讨论,为什么要帮着家里做事,可以帮家里做哪些事;为了树立学生尊崇科学的意识,开展"身边的骗人把戏"主题班会,也可以通过讨论的方式提升学生的防范意识。

3. 实践型

以学生在参加实践活动过程中受到的教育为主题举行的班会。参观访问调查活动、公益活动、科技制作活动以及劳动活动等,是学生参加实践活动比较集中的形式。它可以使学生贴近社会、贴近生活、了解社会、了解生活、提高时间规划能力,有利于学生将理论与实践操作有机结合。在这个过程中,学生与社会实现零距离接触,面对面地去认知和体验社会。

4. 问题型

针对学生中普遍存在的共性问题而设计的教育性较强的主题活动。小学生在学校、家庭和社会中不可避免地会遇到各种问题,如怎样节约资源、如何理性消费、如何有效使用手机等问题。班主任应及时针对班上学生遇到的问题,确定相应的主题并开展教育性的班会活动。

5. 知识型

用知识来充实班会活动,让学生既能受到深刻的教育,又能获得一定的知识,寓教育于科学文化知识的学习过程之中。如设计以"家乡的名胜我知道""回味春节文化""中国传统节日"等为主题的演讲或竞赛活动,既可以丰富学生的知识,也可以使学生从中受到文化熏陶。

》案例 3-1

《校园安全伴我行》生命教育主题班会活动方案

第一,确定主题班会的指导思想。任何一次班会活动,都要设定其核心思想,如安全教育活动,就需要强调"安全第一,预防为主"的指导思想,在提高全校师生防范各种安全事故能力的同时,也要增强师生的安全意识,最大限度消除学校安全事故隐患,使学生懂得在校园中要注意哪些方面的安全,并能做到时时处处注意安全。

第二,确定班会时间、地点和人员。

第三,策划班会活动的过程。班会活动的实施,要从视频导入、知识讲解、活动开展、巩固练习四个方面入手准备,安全教育活动的主题班会流程如下。

首先,视频导入。教师准备一段小学生在楼梯口追逐打闹的视频片段,问班上学生"视频中都有谁,在哪里发生了什么事?"从而引出班会主题"校园安全伴我行"。

其次,小组讨论。

1.校园内活动时该怎样注意安全?

(1)集会、做操时,我们要注意什么?——由班主任带队按顺序入场和退场;同学们集会、做操时要做到快、静、齐;集会时要专心听,做操时要动作规范。

(2)上下楼梯时,我们要注意什么?——上下楼梯不拥挤;不在楼梯、走廊上玩游戏。

此外,教室里的电器设施(如:录音机、插头、日光灯、电扇、多媒体等)不能随便触摸;在学校里不能随便爬窗台、栏杆;不能爬到乒乓球桌上玩;不能爬围墙;也不能爬学校周围的建筑。

教师总结:升旗、做操等大型活动或集会时,要按顺序入场和退场,做到快、静、齐;上下楼梯时要靠右行,不得拥挤,不得推拉,遇见楼梯上有人摔倒的时候,要静候原地不动,不得推让、观望,同时制止后面的同学继续往前拥挤;自觉遵守公共场所秩序,课间做正当游戏;严禁在学校里追、赶、打、闹和攀高走险。

2.在教室内活动应该怎样注意安全?

(1)防磕碰。教室空间狭小,又放置了许多桌椅、饮水机等用品,所以不应在教室中追逐、打闹,做剧烈的运动和游戏,防止磕碰受伤。

(2)防滑、防摔。需要登高打扫卫生、取放物品时,要请他人协助自己并加以保护,注意防止摔伤。

(3)防坠落。不要将身体探出窗外,谨防不慎发生坠楼的危险。

(4)防挤压。开关门窗时,注意不要夹到手。

(5)防火灾。不带打火机、火柴、烟花爆竹、小鞭炮等危险物品进校园,杜绝玩火行为。

(6)防意外伤害。使用改锥、刀、剪刀等工具或图钉、大头针等尖锐文具时务必小心,用后应妥善存放起来。

再次,师生齐做与安全相关的练习题。

1.选择题

(1)学生在下课后不能做的行为是(　　)。

A.打球　　　　　B.追逐打闹　　　　　C.跳绳　　　　　D.玩危险游戏

(2)不准带进校园的物品有(　　)。

A.皮球　　　　　B.三角尺　　　　　C.利器　　　　　D.易燃物品

(3)禁止在学校里做的行为有(　　)。

A.跳高、跳远　　B.爬围墙、滑楼梯　C.翻单杠、荡秋千　D.摸插头

(4)同学之间发生小摩擦时,正确的处理方法是(　　)。

A.原谅同学或报告老师,让老师处理

B.记恨在心,事后叫人一起教训对方

C.视情节给予报复

D.叫家长到学校来教训对方

(5)在道路上行走时(　　)。

A.和同学边走边打闹

B.走人行道,没有人行道的道路要靠路边走

C.行走时东张西望,边走边看书或做其他事情

D.为赶时间与机动车辆抢行

(6)关于楼梯安全,错误的行为是(　　)。

A.上下楼梯时靠右行

B.下课时候和同学坐在楼梯台阶上打闹

C.玩上下楼梯游戏

D.上下楼梯时互相推拉

(7)如果你在学校里看见许多同学挤成一团,你应该做的是(　　)。

A.马上挤进去看发生了什么事情

B.招呼同学去看热闹

C.情况危险,立刻报告老师

D.站在原地不动

(8)下课了,容易造成意外伤害的游戏是(　　)。

A.在操场上和同学一起跳绳、踢毽子

B.在校园攀爬树木比谁爬得高

C.爬到乒乓球桌上玩

D.在球场和同学一起踢球

(9)打扫教室卫生时,危险的行为是(　　)。

A.身子探出窗外擦玻璃

B.用抹布擦桌椅板凳

C.自己登高取物品

D.登高打扫时,请他人协助自己并加以保护

(10)小刚经常欺负小明,还不许小明告诉别人。小明应该做的是(　　)。

A.向父母、老师、同学寻求帮助

B.找机会狠狠报复小刚

C.找朋友来帮忙报复小刚

D.告诉小刚的父母

(11)班内同学因生病在吃药,药片花花绿绿很好看,班上同学可不可以随意拿来吃?

A.可以　　　　　　B.不可以

2.判断题

(1)使用刀具时,互相比画打闹。

(2)用湿手触摸电器,用湿抹布擦拭电器。

(3)用手或金属制品去接触插头。

(4)当不慎摔倒时,身体尽量往前保护自己的头部。

(5)用沙子或泥土打仗。

(6)下雨天,在湿的地面上奔跑。

(7)站在凳子上往阳台下看。

最后,教师总结。我们经过学习,已经把安全牢牢地记在了心里,以前曾经去做过不安全行为的同学,也意识到了安全的重要性。我相信我们班的同学都能平平安安、快快乐乐地长大。"校园安全伴我行"主题班会现在结束。

三、少先队中队活动

小学班级既是学校教育教学的基层组织,也是少先队的基层组织。小学班级管理者往往既是班主任,也是少先队中队的辅导员,具有双重角色。因此,班主任不仅要熟悉小学班级及其活动,也要熟悉少先队组织的中队及其活动。少先队组织一般以学校为单位建立一个大队,以班级为单位建立中队,以学生团体为单位设立若干个小队。

(一)少先队的性质与特点

中国少年先锋队是中国少年儿童的群团组织,是少年儿童学习中国特色社会主义和共产主义的学校,是建设社会主义和共产主义的预备队。少先队的活动有:举行队会、队课,组织参观、访问、野营、旅行、研学、故事会,开展文化科学、娱乐游戏、军事体育等各种有意义、有趣味的活动,以及参加力所能及的志愿服务、公益劳动和社会实践。少先队具有以下特点。

1.少先队具有组织性

有明确的目的和鲜明的标志,努力维护少年儿童的正当权利,少先队有自己的队旗、队礼、呼号和队员标志。

2.少先队具有群众性

凡是6—14岁的少年儿童,愿意加入少先队,愿意遵守队章,向所在学校少先队组织提出申请,经批准就能成为少先队员。

3.少先队具有教育性

把少先队比喻成学校,体现了教育性,以"先锋"命名,既有示范作用,也有激励作用。

4.少先队具有革命性

少先队与中国共产党始终紧密联系在一起,将红领巾作为队标,代表烈士用鲜血染成,并且在《少年先锋队章程》中明确提出,中国少先队是中国少年儿童的群团组织,是少年儿童学习中国特色社会主义和共产主义的学校,是建设社会主义和共产主义的预备队。

5.少先队具有自治性

它不属于学校行政的附属机构,由少先队员自己当家作主,在辅导员的指导下自主地发起和开展丰富多彩的社会实践活动。

6.少先队具有实践性

其活动突破了课堂的教育形式,注重让少先队员自己参与实践,亲自调查、参观、访问、探究,注重少先队员自身的真实情感、体验和感受。

(二)班级工作与少先队工作的关系

1.班级工作与少先队的联系

教育对象相同,小学班级工作与少先队组织的对象都是小学生,班级成员同时也是少先队员。两者教育的对象相同,对少先队员的教育同时也是对小学生的教育,对小学生的教育同时也是对少先队员的教育。

教育者相同,班主任往往兼任着少先队辅导员,虽然所承担的具体职责和工作侧重点有所不同,但对小学生的教育要求是一致的,都要求教师热爱教育事业,热爱学生。

2.班级工作与少先队工作的区别

班级工作与少先队工作在教育对象和教育者上是一致的,但在教育目标、领导体制和工作方法上的侧重点不同。

(1)教育目标不同。班级是以学习教育为中心建立起来的组织,以促进学生德智体美劳等全面发展为目标。少先队是以道德教育为中心建立起来的组织,同样要求学生全面发展,但其核心是对学生进行思想教育,通过开展丰富多彩的活动,培养学生作为共产主义事业的接班人应具备的爱国主义、集体主义等价值观。

(2)领导体制不同。班级是学校教育教学的基层组织,它必须接受学校行政的领导,学校行政委托并通过班主任对班级中的学生开展教育教学工作。少先队组织是由党委托中国共产主义青年团领导,在每一所学校都设立一个大队,由大队辅导员指导大队委员会的工作。

(3)工作方法不同。班级强调的是引导和指导的方法,班主任作为教育者,一般都是接受过专门的训练,对学生的发展有一定的认识,并对自己的工作有较强的社会责任感,有能力胜任对学生的指导工作,并能设计、组织和实施教育活动,引导学生积极参与,同时发挥小学生的主体作用。少先队强调的是自我教育的方法,少先队辅导员主要是指导和帮助中队或大队委员会进行工作,组织活动。少先队辅导员工作重点在于培养、发展少先队员自我教育的意识和能力。

(三)少先队中队活动

1.集合整理队伍

在举行少先队中队仪式前,要集合队伍并整理队伍。中队集会时,可按小队列成横列。整队时,中队长站在队伍前面的中间,中队辅导员的位置一般在中队长的左后方。

2.报告人数

先由小队长向中队长报告人数,再由中队长向中队辅导员报告人数。报告人数时也有一定的要求。如小队长报告人数前,先向本队发出"立正"口令,然后跑步到中队长面前,敬礼、报告:"报告中队长,第x小队有队员x名,实到x名,报告完毕。"中长回答:"接受你的报告!"小队长返回原队,全小队稍息。中队长向中队辅导员报告时也是如此,在报告过程中,中队辅导员可根据实际情况提出祝词、要求和希望。

3.活动开始

报告人数后,活动开始进行,应履行以下程序:一是,全体立正;二是,出旗(鼓号齐奏,全体队员敬礼);三是,唱少先队队歌;四是,中队长讲话;五是,活动开始(重点)。

4.活动结束

活动结束时,应履行以下程序:一是,辅导员讲话;二是,呼号;三是,退旗(鼓号齐奏,全体队员敬礼);四是,结束。

若受场地、天气或时间等因素的影响,中队活动举行时可从实际出发,省略部分次要的程序。但出旗、唱队歌、呼号、退旗这几个程序不能省略。

四、开展小学班级活动的新趋势

班级活动的有序开展,离不开班主任的管理。高效的管理理念与方式可以促进班级活动的开展,让学生在参与班级活动的过程中充分发展自我。班主任在开展班级活动时,可以从教师转变管理观念和模式、充分发挥学生的主体地位、班级活动设计体现学生需求、借用家长资源推动班级活动发展这四个方面考量。

(一)教师转变管理观念和模式

教师应以自己的智慧指导学生开展活动,帮助学生完善班级活动方案,指导学生对活动进行总结。[1]班主任要培养提升班委的管理能力,让班委了解同学们的实际问题,有针对性地开展活动,建立由学生组织、班委指导、班主任关注的班级活动模式。并且在班级活动管理过程中,班主任大胆放权,把活动的主动权交给学生,让学生参与班级活动的策略、准备,并在整个活动中以尊重学生为前提,有意识地对学生的自我管理、自我组织及参与竞争的意识和能力进行培养。

(二)充分发挥学生的主体地位

学生是班级活动的主体,他们不仅是活动的参加者,也是活动的举办者、组织者,更是活动的设计师。[2]班级活动的目标制定、过程设计以及评价等尽可能地放手发动

---

[1] 王兰芳.开展班级活动的意义及策略[J].甘肃教育,2018(1):41.
[2] 闫振猛.如何开展自主化班级活动[J].教育教学论坛,2010(36):194.

学生去做,做到"教师当好导演,把舞台留给学生"。班级活动中应引导学生自主组建活动小组,通过征集学生兴趣爱好,形成几个活动内容小组,学生可以参加与自己兴趣爱好相符合的活动小组。引导学生自主选择活动内容和项目,班级活动的内容丰富多彩,主要分为娱乐类、旅游类、参观类、服务类、探求类、实践类及锻炼类。引导学生自主创设和实施活动方案,活动小组的组长和成员一起制定活动的设计与实施的方案。自主性的班级活动既满足了学生的需求和兴趣,又培养了学生的团队协作精神,充分发挥了学生的主体性。[①]

(三)班级活动设计体现学生需求

班级活动内容的选择应以学生为本,要充分考虑学生发展的内在需求、动机和兴趣爱好;活动内容应贴近学生生活,与学生个性发展相结合;活动形式应多样化,易于操作,这样才能保证活动的效果;内容的选择上应将教育意图转化为学生的成长需要,关注学生的真实生活及发展需要。[②]班级活动的内容也应丰富多样,让学生能在这些活动中展示风采,感受快乐。

教师要充分考虑班级内学生的基本情况、个性特征、内在需求、兴趣特长等,通过设计不同的班级活动来调动和激发学生积极参与活动的热情,同时,活动的设计要体现时代特征,主题鲜明,立意鲜活,贴近学生实际情况,还要具有德育意义。如以专业为基础的班级活动,可以让学生了解所学专业,为专业选择和未来就业做准备;如结合心理健康月,开展有关心理健康的班级活动,了解如何与他人有效沟通,如何解决心理问题等;如结合相关重大节日,进行相关节日介绍、节日问答、节日手抄报比赛、文艺活动等,让学生在活动中发挥自身能量、兴趣和特长。

(四)借用家长资源推动班级活动开展

教师应发掘有特长的学生家长,使其参与到班级活动中来,为活动增添特色。[③]如教师可以让爱好烘焙的家长教学生烘焙,这样既锻炼了学生的动手能力,又调动了学生参与活动的热情,也能让家长参与到学生的班级活动中来。如果在班级活动中开发出家长这一有效资源,让家长也成为班级活动的主体,发挥其才能,将会为班级活动提供更丰富的资源。

---

① 余思亮.在小学班级活动中发挥学生主体性的行动研究[D].成都:四川师范大学,2020:12.
② 司学娟.班级活动:既要有意义又要有趣味[J].中国教育学刊,2013(5):88-89.
③ 段兴盛.丰富班级活动培养学生核心素养[J].甘肃教育,2019(10):47.

思考练习

一、名词解释题

班级活动　班级活动管理　晨会活动　主题班会　中队活动

二、简答题

1.开展小学班级活动的意义是什么?

2.小学班级活动的特点有哪些?

3.开展小学班级活动的基本原则有哪些?

4.小学班会活动的类型有哪些?

三、实践探究题

1.访谈某小学班主任代表,了解其开展主题班会成功或受挫的经历。

2.实际调研小学某班级班会开展情况,设计一次主题班会实施方案。

第四章　小学班级组织管理

>> 学习目标

  1. 了解小学班级组织建设的概念和意义。
  2. 了解小学班级组织建设的基本要素。
  3. 理解小学班级班干部选拔和培养的流程、条件。
  4. 理解小学班集体的概念和功能。
  5. 掌握良好班集体形成的标志和培养策略。

  一定的组织结构是班集体不可或缺的要素,一个健全的班级组织应具有完善的机构设置、合理的管理人员构成、明确的岗位分工、协调的人际关系以及稳定的班级运作机制。当班级组织建立起有力的管理运行机制时,其管理效能也能得到一定的提升。班级组织的建立,不仅可以增强班级管理效能,还能促进学生的个性化发展,培养学生的集体精神和自我管理能力。因此,有效的班级组织建设总是通过一定的班级组织机构及其运行、培养和发挥班级成员的主人翁意识才能得以落实。班级组织管理是小学班级管理实践的构成要素,有效的班级组织管理需要班主任全面了解学生、提出集体奋斗目标、选拔和培养班干部、营造优雅的班级环境、形成正确的班级舆论和班风等。

第一节 小学班级组织建设概述

班级是指学校按照教育培养目标,把年龄特征和文化程度相近的学生组合起来,分成不同的级别,再分成具有一定人数的班,以便进行教育、教学和管理的正式群体组织。[①]它是学校根据有关规定和学生的身心发展水平统一编制的,对学生进行教育、教学的基层组织。班级组织建设是班级向班集体转变的过程,主要涉及确定班级奋斗目标、设置班级组织机构和确立班级管理制度等。

一、小学班级组织建设的概念

(一)班级是一个社会性组织

班级中的学生来自不同家庭而聚集在一起,形成了一个复杂的小社会。学生之间、师生之间的沟通和互动,可以使学生在思想、情感与知识经验上得到不同程度的发展。无论哪个阶段的教育教学,都是为国家培养栋梁之材,以学生将来能适应社会生活为目的。在学校班级中,教师对学生的教育不只是课堂教学,也可以是生活自理、思想道德品质等方面能力的培养。因此,班级是一个微型的促进人社会化的组织。

(二)班级是一个学习型组织

班级是典型的学习型组织,它通过班风、学风的建设充分发挥班级成员的学习潜质与创造性思维。良好的班风、学风既能促进学生的发展,也能形成具有前瞻性和开阔性的思考方式。班级学习活动主要包括日常的学习和讨论。可以通过课堂教学、第二课堂活动和课外实践活动等达到个人学习的目的,以个人学习促进班级学习,形成一种学习的理念,并能够长期而稳定地在班级中鼓舞人心,使班级拥有一种凝聚力,让全班同学都完全融入"班级"这个大环境中。

(三)班级是一个教育组织

班级不仅具有社会化功能,同时也具有促进个体个性化发展的功能。班级中,教师在教学中不是"一刀切"式教学,每名学生都是不同的个体,他们来自不同的家庭,有着不同的经历和体验。在教学和引导时,教师要充分考虑学生之间的个体差异,注重学生的优势与不足。在核心素养理念下,培养学生能全面发展、适应社会变化的关键能力。

---

① 付学成,吕炳君.班级管理的理论与实践[M].北京:北京师范大学出版社,2016:6.

(四)班级是一个特定的群体

班级作为一个正式群体而存在,有特定的成员、特定的目标、特定的文化、特定的功能及特定的人际交往。学生的大部分时间都是在学校中度过,班级群体对学生个体的影响很大,因此,班主任要注意班级群体对学生成长的引导作用。

二、小学班级组织建设的意义

(一)有利于培养学生的集体主义精神

班级不同于一般的群体,班级是由身心发展相似的学生组建在一起的正式群体,而班集体是在班级的基础上,组建的具有高度的整体性、组织性和更高的团结性组织。[①]班级组织建设有利于学生集体主义精神的建设,集体主义精神是指一切从集体出发,以集体利益为重,把集体利益放在个人利益之上,为集体利益奉献的精神。通过班级活动的开展,学生与学生之间的交流互动、合作学习,促使班级中每一名学生都有班集体的意识,有班级荣誉感,对自己的班级有较强的归属感,在班级中能逐渐关心集体、热爱集体,并体验到集体给予的温暖和情感,以此达到班级中集体主义精神的培养。

(二)有利于促进学生的社会化

社会化是指个体通过与环境的相互作用,不断了解社会规范、社会技能、价值体系等参与社会生活所必需的知识,由一个自然人发展为能够适应社会生活的社会人的过程。学生的社会化是指培养学生对社会生活的适应能力。班级存在一定的组织结构,整个班集体的发展目标、人际交往与互动,都可以在一定程度上促进学生的社会化。

班级组织作为一种社会群体,能够按照社会的要求和学校的教育目标,营造良好的成长氛围。学生在集体中,通过学习、人际交往和社会实践活动,除了能够获得系统的科学文化知识和技能,形成良好的品德外,还能够获得参与社会生活、处理社会关系的学习平台和实践机会。学生在班集体里,接受社会规范教育,进行社会行为训练。班集体有着严密的管理机构,制定了每一名学生在集体活动中都必须遵守的规章制度,这些都能向学生传递社会规范。同时,按照这些规章制度的要求组织学生进行社会行为训练,引导他们在集体活动和人际交往中,不断以集体的标准来约束自己

---

① 付学成,吕炳君.班级管理的理论与实践[M].北京:北京师范大学出版社,2016:25-26.

的行为,并逐步将集体的规范内化为自己的行为方式。学生在班级组织中的学习和训练,能够为他们将来进入社会并尽快参加社会生活,履行社会角色,成为合格的社会公民奠定一定的基础。

(三)有利于学生个性的和谐发展

个性是指一个人的整体心理面貌,即具有一定倾向性和心理特征的总和,包括个体的需要、动机、兴趣、理想、信念、价值观、人生观,以及个体的性格、气质和能力等内容。一方面,班级组织丰富多彩的集体活动,每一名学生都能在班集体中找到自己发挥作用的舞台,班集体能够从认知、情感、意志、行为等多方面教育感染学生,这种教育和感染要比教师个人对学生的教育范围大、内容丰富、方法灵活,学生也容易接受,能够培养学生不同的兴趣、爱好和特长;另一方面,班集体能够提供学生个性发展的有利条件。学生在班集体中直接交往的人很多,与教师、同学交往接触,互相影响,这种影响正是个性赖以发展的必要条件。在班级组织建设的过程中,学生之间的交往,大多是在积极的、有组织的活动中进行的,学生可以通过活动展示自己的才能和特长。因此,班集体中开展的活动有利于学生个性化的和谐发展。

(四)有利于提高班级管理和学校管理的功能

健全的班级组织结构设置、完善的组织职能、合理的班级管理人员构成、明确的岗位分工、协调的人际关系、畅通的信息交流、稳定的班级运作是班级组织健康有序发展的保障。当班级建立起了这样有力的管理系统,其管理效能定会得到提升。班级是学校教育活动的基本单位,班级组织建设的成效也会直接影响到学校管理的效能。因此,建设完善的班级组织对于提高班级和学校的管理效能具有积极的意义。

(五)有利于班主任自身素质与能力的全面提升

班主任的教育实践大多是在班级组织建设中进行的,在此过程中,班主任需要充分了解和研究本班学生的情况,进行细致观察、有效沟通,学会与学生、家长、同行乃至社会力量打交道的技巧。班级组织建设过程不会一帆风顺,遇到问题就需要深入分析、思考,学习理论,请同行来解决,并在不断地反思中积累经验、增长智慧。正可谓在实践中反思、在反思中成长。班级组织建设作为摆在每一位班主任面前的第一要务,能够实现对班主任自身素质与能力的全面提升,对班主任的专业成长与可持续发展具有直接的助推作用。

三、班级组织建设的要素

班级组织作为客观存在的不断运动发展的有机整体，自有它的构成要素。对这些要素进行研究、分解，有助于班主任从整体上把握班级组织建设的过程，使经验驶入更为科学的轨道。班级组织建设的基本要素有以下三点。

（一）组织目标

共同的奋斗目标具有极大的吸引力，能使学生对集体生活充满信心，产生凝聚作用，增加集体的向心力，使学生的积极性得到充分的发挥。有了目标，班级就有了灵魂，也就有了前进的方向和动力。在目标的指引下，全体学生按照目标的要求控制、调整自己的行为方向。因此，有经验的班主任总是在班级组建之初，就注重了解学生的情况，确立班级的奋斗目标，并以此目标为纽带，创建良好的班集体。

（二）组织规范

在班级组织建设中，需要制定出统一的"规范"和"标准"，使各项工作都有章可循，有据可依，如班级中学生参加活动的管理制度、班级财务管理制度以及突发事件的应对方式等内容。因此，班级组织规范具有一定的科学性和稳定性，有利于班级管理的公平与公正，使学生养成遵纪守法、认真负责的良好道德风尚，也便于对班级管理工作进行检查和验收。

（三）组织机构

班级中设立的组织机构都具有自治性质，它规定了每一名成员的角色、地位、职责和权限等内容，为成员间的合作提供了组织保证。在一个班级组织中，必须有部分热爱集体工作、自身素质较好、工作能力较强、在集体中有一定威信和影响力的带头人，形成集体核心，通过他们来团结和带动其他集体成员，沟通信息、协调工作以及开展班级活动。

第二节 小学班级组织机构建设

班级组织机构是班集体的骨架，是班主任的得力助手。一个班集体的好坏在一定程度上与班级组织机构的领导力、决策力和执行力等密切相关。健全的班级组织机构和班级管理制度是培养与形成一个良好的班集体的重要条件。选拔和培养班干部，调动学生在班级管理中的能动性和积极性，是班级组织机构建设的核心内容。

一、小学班级组织机构的形式

(一)班干部

班委会是保证班级内各项工作正常进行的领导形式,是班集体的核心,班主任应根据工作的需要,及时组建班委会。班干部是班级中表现突出、工作能力强、成绩优秀、享有一定威信的学生代表,是班级活动中的积极分子,是班主任工作的得力助手。他们能及时掌握班级内同学的情况,班主任可以借由班干部的"上情下达,下情上传",及时了解学生的思想情况,掌握班级各方面的动态。因此,班干部是班主任与班上其他同学联系的桥梁,班干部的职位和主要职责见案例4-1。

》案例 4-1

班干部的职位与主要职责[①]

1.班长:全面负责组织和管理本班的各项工作,负责召集班委会议,向班主任汇报本班重大事宜等。

2.副班长:协助班长,负责本班的考勤、操行评价和其他职责。

3.学习委员:负责本班教材的领取、作业的收发,学习园地的建设和与教师的沟通,帮助同学解答学习上的问题。

4.体育委员:负责本班早操、课间操的组织和考勤,积极配合学校开展的各种体育活动,如校运会、体操比赛等,以及本班体育器材的借还。

5.劳动委员:负责协办本班教室、清洁区的卫生安排与考勤。

6.生活委员:负责协办本班的生活管理,班费的开支。

7.纪律委员:负责协助班长维护、监督本班的日常纪律,以及监督红领巾、团徽等佩戴情况。协调进餐、午休纪律,课间操时间清点班级人数。

8.宣传委员:负责协办本班的宣传工作,主要包括编制黑板报、手抄报、宣传栏等。

9.文娱委员:负责协办组织班级文化活动,如班会活动、文娱联欢、郊游联欢等。

(二)团支部(少先队中队委员会)

团支部是共青团在班级中的基层组织,它对组织团员、青年奋斗向上,协助班委会搞好班级工作有着不可替代的重要作用。班级中的团支部一般配备团支部书记一

[①] 王先平.小学班干部轮换制度研究[D].四川师范大学,2014:28-29.

名、组织委员一名、宣传委员一名。小学一般在班级中不单独设立团支部,主要靠少先队中队委员会来组织少先队员开展工作,进行活动。中队委员会通常配备中队长一名、副队长一至两名。

(三)全员管理岗位的设置

小学班额较大,但班委成员较少,有的同学有为班级服务的热情,也想得到锻炼的机会。因此,班主任可以设置一些其他岗位,让更多的学生能够施展才华、参与管理。

1.常规管理岗位

班级常规管理工作中可设不少岗位,这些岗位能够培养学生良好的行为习惯和个性品质。如纪律委员,负责维持课间、活动纪律,调解同学之间纠纷等;电器保管员,负责电灯、电视、广播、饮水机等电器的开关;眼保健操监督员,负责监督同学正确地做眼保健操;礼仪监督员,负责督促同学佩戴红领巾、校徽,注意队礼规范等。

2.学习示范岗位

按学科要求设立岗位。如语文课代表在阅读、写作等方面起到示范作用;音乐课代表用悦耳动听的歌声感染着每一名同学;体育课代表有良好的身体素质和运动技能,成为同学们锻炼身体和提高运动水平的榜样。

3.活动岗位

班级中可以增设科技、欣赏、文字等兴趣团体,尽可能地让更多的学生参与。除设立组长等岗位外,还可以在实践活动中设立岗位,如小主持、小记者、图书管理员、盆栽管理员等,最大限度地发挥每一名学生的特长。教师可以定期评比各岗位人员的工作表现,奖励表现较为突出的学生,以此增强学生参与管理的信心,在此过程中,能充分发挥学生的主体性,还能丰富学生的成长体验。

班主任要尽可能深度挖掘班级中的各个岗位,引导每一名学生找到适合自己的岗位,让其都得到锻炼,尽可能发挥每一名学生的特长,提高其能力。使全班同学人人有事干,班上事事有人干,增强学生的主人翁意识及集体荣誉感。

二、小学班级班干部的选拔与培养

(一)班干部的条件

班干部应选德智并举的学生,不能盲目选择成绩好的尖子生。作为一名班干部,首先,应具有较强的集体荣誉感、责任感和实干精神;其次,能团结同学,善于沟通;再次,能顾全大局、乐于奉献、勇于责己,能纳善言;最后,勤奋好学,成绩优秀。具备相应能力和水平的学生当上班干部,能促进整个班集体和自身的发展。

(二)班干部的选拔

组建班干部团队是班主任的一项重要工作[①],班干部由谁来当?班干部怎么产生?这两个问题是班主任必然会遇到的问题。可通过竞选的方式让学生轮流当选,也可由班主任根据学生的日常表现直接任命。

学生轮流当选的方式,给予了每一名学生平等享受当班干部的机会。有机会参与班级管理,与学生成绩好坏、有无威信、是否担任过班干部无关,能够最大程度地调动学生的积极性和主动性。同时,也给予了每一名学生锻炼的机会。但是,班干部轮流当选是一项非常复杂的工程,为保障每一名学生都有体验的机会,班干部的任期较短,班干部人员变动快,这无疑增大了班主任的工作量,在新的班干部上任前,需要班主任对其进行一定的培训。并且通过轮流的方式产生的班干部能力水平不一,因此,很容易造成班级管理的混乱,影响班级管理的有效性和有序性。

班主任直接任命的方式,体现了班主任在班级机构中具有绝对的决定权。班主任依据自身的经验,按照一定的标准挑选出他认为合适的学生成为班干部,这些学生一般具有学习成绩好、自觉遵守班规等特征。这样形成的班干部成员相对稳定,班主任的工作量相对会较小,并且在一定程度上可以保障班级管理工作有效地进行。但是,这样的方式容易忽视其他任课教师的意见和建议,同时也剥夺了班级中其他学生参与班级管理的权利,是一种"专制式"管理方式。

班干部的选择应秉持"公平、公正、公开"的原则,让所有学生都有机会竞选班干部,让有潜质的学生也能成为班干部,在选拔过程中应尽可能规范流程,让学生们通过良性竞争的方式,将最好的一面充分展现出来。另外,在班干部设置时,应考虑班级男生与女生的比例,减少性别倾斜的现象,应尊重男生与女生,发现他们身上的闪光点,给予公平竞争的机会,营造和谐平等的班级氛围。

教师可以参考领导小组讨论意见对班干部进行选拔,让全体学生先用投票的方式选出候选班干部,之后班主任将所有候选班干部聚集起来,让他们根据某一个问题自主地进行讨论,班主任可以与其他任课教师在一旁对学生之间的互动进行观察,之后再对候选班干部进行评价。在进行讨论的时候,学生之间是平等、和谐、协作的,通过这种方法可以从侧面观察候选班干部的表现力,特别是他们在讨论中的沟通能力、协调能力、

---

① 魏琳华.小学班主任班级管理活动的叙事研究[D].南昌:南昌大学,2015:18.

语言表达能力、领导力、辩论能力等,也可以看出责任感、自信心、团队精神和个人风格等特点。班主任在深入了解候选班干部的能力水平、责任感之后,才能做到知人善任,发挥每一名学生的特长,从而让他们在最能发挥自己才能的岗位上积极工作,施展才华。

(三)班干部的培养

班干部产生以后就要开始负责开展班级的日常管理工作。班主任要对他们进行有计划、有步骤地培养和指导,增强他们的工作意识,激发他们的工作热情,使他们懂得带领全班同学共同进步的意义。培养一支优秀的班干部队伍,其实是在帮助班主任做减法,而优秀的班干部队伍,会让每一名班干部的能力都在实践中得到提升,这就需要通过科学有效地培养才能实现。

班主任不仅要让班干部明白自己的职责与权利,还要对他们的思想活动、工作态度、工作方法等进行指导。班干部要正确看待自己与同学之间的关系,要树立为同学服务、为集体做贡献的思想;学习中努力上进,工作中认真负责,努力做好榜样的示范作用;班干部要学会规划自己的时间,努力提升工作效率,不能因为担任班干部而影响学业。班干部作为教师管理班级的小帮手,也是向教师反映班级问题的桥梁。很多工作的开展,都要与班上同学进行充分的沟通交流,并得到学生的支持,因此其工作方法非常重要。如对学生纪律督促的态度,讲解班级要求时的语气,在不伤害同学自尊心的基础上很好地完成工作任务;在各项活动之前,提前设想活动的整个流程及其注意事项。班主任对班干部的培养,应由领到扶再到放,逐渐培养学生的自主管理能力。

(四)班干部的考核

每学期或学年结束时,可以先召开班委会,让班干部对自己的工作表现进行自评,充分肯定自己的成绩,勇敢地面对自己的不足。然后,组织全班同学对班干部进行民主评价,我们可以将考核标准分为"品、能、勤、质、学"五个方面。"品"是指班干部的道德品质、言行举止、思想观念;"能"是指班干部的工作胜任能力、执行力、解决问题的能力、工作完成度;"勤"是指班干部的态度端正、热情积极、不迟到早退;"质"是指班干部工作完成的数量、质量、成果水平的高低;"学"是指班干部学习成绩的保持情况。满分为100分,每学期期末由班主任、任课教师、班干部以及非班干部学生对每一名班干部进行打分点评。这种方法打破了传统的只能由班主任对班干部进行评价的考核方式,可以有效避免班主任和任课教师的"个人偏见""晕轮效应"以及"信息盲点"等现象,通过收集多方信息,班干部能够对自身有更加全面、更多角度的认识,客观了解自己的优缺点,不断改进。这种方法还有助于增进学生之间的互动与沟通,提高学生的自主参与性与积极性,增强班级的向心力与凝聚力,促进班级管理更好地发展。

(五)班干部的换届

在班干部培养的过程中,班主任可采取常任制和轮换制相结合、学生自荐竞选与民主选举相结合的方式,实行班级角色动态分配,保证班级工作既有稳定性和连续性,又能调动班级学生的积极性,使每一名学生都有机会参与班级管理。这种方式,不仅能极大地调动学生参与班级管理的积极性,而且还能锻炼他们自主管理的能力,培养学生的独立性、自主性和创造性,使学生得到更大的发展。同时,也能让学生切实体验到民主与平等,产生主人翁意识,有利于民主教育。

第三节 小学班集体建设

良好的班集体不会自发形成,而是在班主任的精心组织和培养下才能逐步建立起来。良好的班集体应具有共同的奋斗目标、和谐的人际关系、健全的组织机构、良好的制度规范和丰富多彩的活动等要素。这五个要素相互联系、相互制约,是成为一个优秀班集体的重要特征,也是建设优秀班集体的重要保障。

一、小学班集体的概念

有人认为班级就是"班集体"或"班级集体"。其实,组织有序的班级作为一种教学组织形式,仅仅提供了班集体发展的基础,班集体不同于一般意义上的班级群体,班集体是班级群体发展到一定水平的结果。班集体不是自然形成的班级群体,而是由松散型向合作型、紧密型、完善型不断发展的学生集体。班集体是指有一个领导核心,并且已经形成自觉纪律的,有了公正舆论和团结友爱、勤奋好学班风的,能以集体主义价值观为导向的,为班级整体目标的实现而工作活动的集合体,是班级群体发展到高级阶段的表现形式。马卡连柯认为,真正的集体,并不是单单聚集起来的一群人,而是在自己面前具有一定共同目标的那种集体。班集体必须具备明确的奋斗目标,有良好的人际关系,有健全的组织机构,有健康的舆论环境,有自觉的纪律约束,实现学生的全面发展。[①]

---

① 庞云凤,王燕红.小学班级管理策略[M].济南:山东人民出版社,2014:10-11.

二、小学班集体的功能

马卡连柯认为,集体是一种很大的教育力量……在班集体中不用任何专门的办法,就可以发展关于集体的价值,关于集体尊严的概念。苏霍姆林斯基指出,集体是教育的工具,是个性全面发展的重要手段。马克思认为,只有在集体中,个人才能获得全面发展其才能的手段。良好的、成熟的班集体具有多种功能,使每一名学生在其中受到教育、得到发展。[①]在实践中,我们能经常感觉到集体影响力的存在,有时它甚至可以产生教育者无法企及的教育影响。

(一)社会化功能

人的社会化,一方面,可以通过学校教育教学过程获得相应的知识、观念、能力等;另一方面,可以通过直接参与社会活动,把社会文化、规范内化为自己的社会文化素养。班集体是学生直接生活于其中的微观的社会体系,是实施教育教学活动的组织,也是学生参与社会生活的主要场所。班集体具有积极的价值导向及符合社会发展要求的教育目标和教育内容,拥有组织机构和制度规范。学生进入班集体,要成为其中的一员,必然要遵从和依照集体的规范行事,并承担一定的社会角色和责任,与他人合作共事,处理人际冲突,参与制定集体规范和评价集体中的人与事等,这些社会化的角色和行为都为培养一个社会公民的基本品质奠定了基础。

(二)教育功能

班集体能有目的、有计划地把全面发展的教育目标落实到每个成员的身心发展上。既能向他们传授科学文化知识,教他们社会生活的基本技能,又能教导他们社会生活规范,训练他们社会行为方式,培养他们社会角色意识。同时根据马卡连柯提出的平行教育原则,培养出一个好的集体,就会有效地教育影响"一伙人"中的每一个人。集体教育是教育学生的有效手段,在教师的教育实践中,应通过科学的教育方式影响集体,提高集体的素质,并用集体影响个体,达到关注和促进每一名学生发展的目的。同时,教育者要把针对个别学生的教育置于集体教育背景中来加以考虑,在教育个别学生的同时,科学地运用集体教育的因素,达到既教育集体又教育学生个体的作用。

(三)归属功能

良好的班集体具有相互关爱、尊重平等的人际关系和自由安全的心理氛围。学

[①] 付学成,吕炳君.班级管理的理论与实践[M].北京:北京师范大学出版社,2016:9-10.

生作为集体中的一员,能得到集体的尊重、关爱,能感受到自由、安全、愉悦的集体心理氛围。这对学生的心理健康而言,无疑是一种最好的保护。同时,学生作为集体中的一员,能在关爱、尊重他人和承担集体责任中发现自己的价值,从而获得人格上的自尊感。每一名学生在班集体中都有自己要好的朋友,他们可以通过交流、沟通排解各种不良情绪,理解他人和被人理解,进而调整自己的不良心理和行为。同学之间不仅可以通过交流来满足学生求知的需求,还可以在相互理解中获得心理上的支持。良好的班集体具有积极的价值追求,而集体积极的价值追求能对学生心理、行为起促进、引领的作用,能使学生感受到来自集体的精神力量,感受到生活的乐趣和生命的意义。

(四)发展功能

良好的班集体是学生个性和谐发展的平台。班集体的自主管理为学生提供了不同的责任岗位,让学生担任不同的角色,学生在承担集体责任和角色时,产生对自我的积极期望,并在努力发挥作用中促进个性、情感、能力、社会性、行为等方面发生积极变化。班集体具有丰富多彩的活动和精神生活,在集体活动中,每一名学生都有展示自己才能、发挥个性、创造潜力、获得集体成员肯定的机会。集体生活中展开的各种评价,有利于学生形成积极客观的自我意识,唤起积极的自我价值追求,从而促使其个性、和谐、健康地发展。

在集体生活中,学生之间、师生之间的交往,也是学生个性发展不可缺少的养分。班主任、任课教师积极健康的个性及与学生的和谐关系,是学生个性健康发展的重要保障,能为学生个性的自我塑造提供坚实的精神榜样。学生之间和谐的人际关系和交往能为学生个性的和谐发展提供丰富的精神内涵,并提供相互借鉴、学习的榜样。

三、良好班集体形成的标志

班集体作为一个不断运动、不断发展变化的有机整体,它由雏形到真正形成集体,必然有可以考察和评判的具体内容与标志。实践证明,良好的班集体对学生的身心发展能产生极大的推动作用。一个良好的班集体应该具有以下四个标志。[①]

(一)共同的奋斗目标

共同的奋斗目标,是唤起班集体内在发展动力和达成共识的重要手段,是良好班集体的重要特征。共同奋斗目标对班集体发展具有激励和导向作用,能够把大家吸

[①] 金春兰.小学班集体建设的实践与研究[D].苏州:苏州大学,2010:6.

引到班集体中来,充分发挥班集体中每一名成员的积极性,在逐步实现目标的过程中分享班集体的欢乐和幸福,从而形成班集体的荣誉感、责任感和强大的班级凝聚力。

首先,目标应具有时代性。班主任对班级目标的制定不能仅停留在过去的传统层次上,而要随时给班级目标注入带有浓郁时代气息的要求,强化其使命感。新时代要求班主任随时了解和接收新的管理知识,提高自己的理论水平,使班级和学校工作的目标计划有明确的实施方法。其次,目标应具有层次性。在确定目标时,不仅要有长远的奋斗目标,还要有阶段性的具体目标,目标的确立应遵循先易后难、先近后远、循序渐进、逐步提高,既要尽快让学生获得"成功",又要尽早让学生尝到成功的"快乐"。最后,目标应具有可操作性。班主任应结合本班学生思想、学习、生活实际,制定本班的奋斗目标,在实现班集体奋斗目标的过程中,充分发挥班集体中每名成员的积极性,使实现目标的过程成为教育与自我教育的过程,每一个集体目标的实现,都是全体成员共同努力的结果,要让他们分享班集体的欢乐和幸福,从而形成对班集体的荣誉感和责任感。所以,班主任要注意让学校的总体目标和各班的具体目标都切实可行,具有较强的可操作性。

》案例 4-2

班级文明公约[①]

1. 热爱学校、热爱班级。不做有损于学校班级的事。要爱护学校的每一样物品(画、图、花、草、树等)。

2. 团结友爱、互帮互助。不做不利于同学团结的事。不骂人、不打架,做到人人是朋友。

3. 上课认真听讲,积极开动脑筋,大胆举手发言。

4. 勤奋学习、积极向上。按时独立完成各科作业。

5. 热爱劳动、讲究卫生。搞好班级内务、个人卫生。

6. 举止大方、言行文明。不说不文明的话,不取笑别人,不给别人起绰号,不讽刺挖苦别人,不传播流言蜚语。

7. 积极锻炼、强身健体。认真做好早操和眼操。

8. 课间、午间休息要文明,切忌大声喧哗和追逐打闹。

9. 待人接物彬彬有礼。见到教师、长辈主动问好。

---
① 金春兰.小学班集体建设的实践与研究[D].苏州:苏州大学,2010:11.

10.珍惜生命、安全第一。不做有危险的游戏,不去有危险的地方。

以上条款,师生一致通过,在执行期间同学之间、师生之间互相督促、互勉互励。

这样一份遵循规律、切实可行的目标涵盖了德才兼备、身体健康等现代人才的基本标准,它时刻提醒班集体中的每一名成员必须规范自己的行为,同时,也要为齐心协力把班级建设成为一个蓬勃向上、锐意进取的班集体而努力。

(二)坚强的领导核心和健全的组织机构

良好班集体的形成标志之一是具有健全的领导体系,如班集体中岗位设置恰当、人员选拔合理、分工明确,构成了有层次的网络系统。班集体的核心是班委会成员,班干部要有意识、有担当地履行工作职责,完成工作任务,且班干部之间形成分工合作、民主团结的关系,在同学中有威信,以身作则,能带动全班同学实现共同的奋斗目标。

》案例4-3

班干部具体职责[①]

班长:班长是班级中最关键的领导者,也是班委会的主心骨。班长不只是一个头衔,更多的是一份责任。班长是一个班级的灯塔,能引领同学前进,带领和组织同学进行日常活动。在工作中,能加强班干部的思想、工作作风建设,协助其他班干部做好本职工作,认真履行工作职责;能严于律己、以身作则,自觉履行工作职责,按时完成工作任务,办事公正,平等对待同学;能引导班级学生好好学习;能及时掌握班级同学的思想动态,及时向班主任汇报;能借助各种方式来加强同学之间的联系,使同学之间团结友爱、和谐相处,营造和谐轻松的班级氛围。

纪律委员:协助班长维护班级的纪律,一个良好有序的课堂环境才能保障教学工作的有序进行。在工作中,维持班级纪律,协助班长和班主任做好纪律工作,维持课堂纪律,及时向班长说明班级纪律情况;严格执行班级考勤制度并做好纪律监督,可以每周班会时公布一次;平等对待班上同学,共同营造出和谐的班级氛围;建设良好的班风,做好班级中好人好事的记录。

学习委员:在学习方面起带头作用,带动同学们的学习积极性,帮助学习困难的同学,经常与他们沟通,交流学习心得,分享学习方法。在工作中,应该全心全意为班上同学服务,积极进取,起到模范带头作用;检查每天的作业完成情况;定期与任课教师沟通

---

① 查丽萱.小学班干部管理现状与对策研究:以沈阳市W小学四、五、六年级为例[D].沈阳:沈阳师范大学,2019:35-39.

同学们对课程的建议和意见;组织好班级中的知识竞赛、朗诵比赛、作文比赛等活动。

劳动委员:是班级值日工作的组织者和领导者,有序地安排每天的值日生,并监督值日生的工作。工作中能带领班上同学进行每日劳动,保证卫生达标,并做好协调与督促工作;对班级室内、室外卫生进行检查。

生活委员:作为班级"内务兵",为同学的学习和生活做好后勤保障工作。在工作中,热情为同学服务,做好班费的收支管理工作;整理好班费开销账目,每个月向同学公开说明其使用情况;负责记录同学的用餐情况,及时制止插队现象和倒剩菜剩饭的情况。

体育委员:带领同学们进行体育锻炼,增强体魄。在工作中,组织同学们积极参加体育活动与比赛;负责升旗仪式、早操、课间操的整队工作;体育课前一天,提醒同学们规范着装;体育课时协助任课教师清点人数、搬运体育器材、做准备运动等。

文艺委员:带动同学积极参加文艺活动,丰富同学们的课余生活,引导同学主动展示自己,减少不安、紧张的情绪。在工作中,了解同学们的兴趣、爱好和特长;组织同学们准备联欢会、艺术节的节目。

宣传委员:做好班级的宣传工作,组织引导同学积极参与班级的宣传工作,增强班级凝聚力。在工作中,负责班级板报、墙报设计;带领同学参加有益的实践活动,丰富同学的课外活动;普及心理健康知识,关心同学的心理健康。

课代表:是各科任课教师的助手,帮助任课教师搬送教学工具,收发作业。

小组长:在小组中收发小组作业,及时向班长或课代表反映本组同学的学习情况。

(三)形成健康的集体舆论和优良的班风

集体舆论,就是班级中占优势的、为多数人赞同的言论和意见。它以议论、褒贬等形式肯定或否定集体的动向和集体成员的言行,成为个人和集体发展的一种力量,是学生自我教育的重要手段。马卡连柯说过,儿童集体里的舆论力量,完全是一种物质的、实际上可以感触到的教育因素。[1]正确舆论树立与否,是衡量班集体是否形成的重要标志之一。一个班级形成了正确舆论,能使班集体更加团结,更加富有朝气,更能帮助班级成员健康成长。因此,必须重视集体舆论这一班级成员变化的"晴雨表",保证正确的舆论导向。正确的舆论能使正气发扬,不正之风无立锥之地,以至消失,这是形成优秀班风的基础。

班风是班集体中长期形成的情绪上、言论上、行动上的共同倾向,是班级特有的

---

[1] 马卡连柯.论共产主义教育[M].刘长松,杨慕之,译.北京:人民教育出版社,1955:202.

一种风气。良好的班风具有无形的力量,能使学生自觉地约束自己的不良行为,被好的风气同化;能使学生具备良好的精神风貌,所有任课教师都愿意到这个班级上课;也能形成良好的班级环境,学生在这个环境下友好相处,团结互助,保持身心健康;还能带动学校其他班集体的建设,形成良好的校风。优良的班风要靠正确的集体舆论来支持,正确的集体舆论和优良的班风不是自发产生的,而是相互强化、相互影响的,是班主任正确引导和全班师生共同努力的结果。

良好的班风,可以从纪律、学习习惯和班级凝聚力这三个方面进行塑造。首先,自觉的纪律是良好班集体形成的制度保证。一些学生有爱打小报告、上课随便说话、打架等不良行为,这些行为看似小事,但是却影响学生对班集体的认可。因此,班主任要重视养成教育,培养学生自觉遵守纪律的好习惯,同时也要培养学生良好的学习习惯,继而创建优秀的班风。其次,小学阶段是养成良好习惯的关键时期。人的一生中,行为形成习惯、习惯决定品质、品质决定命运。因此,培养学生良好的学习习惯和行为习惯是小学教育教学工作的重要内容。如上课进教室站队时,只要上课铃声一响就要马上站队,做到快、静、齐;上下楼梯靠右行,见到教师要礼让并行礼;预习的书本放在桌子右上角等。最后,班级凝聚力可以通过活动、案例等进行引导。

(四)建立和谐的班级人际关系

班级人际关系主要包括五个方面,即学生和学生之间的关系、学生和教师之间的关系、学生和家长之间的关系、班主任和教师之间的关系、教师和家长之间的关系。和谐的人际关系是班集体建设的重要内容,是班集体凝聚力的黏合剂,也是良好班集体的重要特征。良好班集体的和谐人际关系,能够使班集体健康成长,也能使班集体中的每一名学生茁壮成长。其中,学生和学生之间、学生和教师的关系是这五种关系中最为基础且也最重要的关系。小学生正处于长知识、长身体的时期,他们各方面都不成熟,但已出现了独立意识、参与社会活动的需要、受人尊重的需要、友谊的需要和交往的需要。作为教育者,可以开展丰富多彩的活动,让学生之间有更多的接触,让他们有机会了解到他人的性格和习惯,感受到集体的关心和温暖。

建立良好的师生关系可以从以下三点出发。第一,教师应以真挚的感情去激发学生的真情。小学阶段的学生对长辈的依赖性比较强,如果教师能以父母般的温情去感染学生,让学生在自觉或不自觉中去看、去说、去学,同时在这种父母般的情感中渗透说服教育,做到情理交融,可以激发学生积极向上的情感,使学生在获得道德认识的同时,充分享受参与学习、活动后的愉快和满足,调动学生的积极性,提高小学班级集体建设效果。第二,教师应该正确运用爱去感染学生。教师用全身心的爱去关心学生,学生就能从自己亲身感受到的爱护和关怀中,学会如何去关心别人,如何为他人着想,正确处理同学之间的各种关系,形成良好的人际关系环境,建设良好的班风。第三,教师要注意尊重、信任和理解学生。小学生犯错的次数相对会比较频繁,如果班主任只是一味地训斥、挖苦、讽刺学生,往往会适得其反,而且还会严重伤害学生的自尊心,导致学生逆反心理的产生。

四、小学班集体的培养策略

将一个松散的班级建设成良好的班集体需要经历长期的过程,付出艰辛的努力,但班集体的建设过程也是有途径和方法可循的。①

(一)班集体建设的途径

班集体的形成需要班主任及任课教师的辛勤付出,全班同学的共同努力。班级活动的开展则是班集体形成的重要途径之一。

首先,在教学活动中建设班集体。教学活动是班集体中最主要的活动方式,在以知识、技能教学为核心目标的同时,也应注重学生情感、态度、价值观的构建。课堂活动中将整个班级看作学习的共同体,而不是片面地学习优秀的那部分学生,应关注全班同学。积极发掘各种教育素材,尤其是思想引领方面的内容。教师营造出快乐的学习氛围,将被动学习变为主动学习,使学生能积极参与到课堂活动中。

其次,根据班级特点、学生性格特点,开展符合班级学生发展规律的集体活动。如主题班会、班级特色活动、社会实践活动、集体心理辅导活动以及课外集体游戏活动等。由于班本化教育活动在目标、内容及形式上的多样性、丰富性,因而对丰富班集体和个体的精神生活,形成集体精神、丰富集体体验,发展每一名学生的个性具有十分重要的意义。注意:要从本班的特点和发展需要出发,同时注重班集体和学生个体的发展,精心设计教育活动;不仅要考虑活动的教育内容,还要考虑活动结构、过程、情境和角色的设计,分析活动对集体心理和不同个体心理的影响;教师在活动中要随机引导,让学生逐渐成为活动的主体;选择适合班集体发展的、有重要作用的关键活动进行开展。

最后,抓住机会进行随机教育,如学生之间的冲突、班里出现的不良行为、突发事件、好人好事等,都可以作为教育资源,引导学生解决实际案例,逐渐成长。随机教育需要教师善于观察,及时把握机会。

---

① 张作岭,宋立华.班级管理[M].3版.北京:清华大学出版社,2019:103.

(二)班集体建设的方法

做任何事情都有方法可循,班集体的建设也如此。班集体的建设将从目标管理法、系统教育活动法和规范制度管理法三个方面进行阐述。[①]

1. 目标管理法

目标管理法是指在班级建设中,科学地确立集体奋斗目标和个人奋斗目标,以经过努力可以实现的目标推动班集体建设的方法。班级目标归根到底要落实到班级管理的各个环节,体现在学生学习进步的各个方面。因此,要把目标要求纳入常规班级管理工作中,细化分析、强化责任、抓好监督、跟踪考核,特别是要利用班会、晨会等活动,及时总结、发现不足、整改提高。目标管理法在班集体建设过程中是起主导性作用的方法,通过确立切合实际的目标,凝聚学生团结进步的力量。每一个具体目标的实现,都会使班级在前进的道路上发生一定的质变,集合若干个质变就会引起班级发生根本性的变化,实现形成团结友爱、奋发向上的班集体的总目标。

2. 系统教育活动法

系统教育活动法是指在班集体建设中,围绕班集体奋斗目标开展一系列教育活动,使班集体建设通过各项活动来实现的方法。从班级实际情况出发所开展的一系列互相衔接的有实效的教育活动,即系统教育活动。系统教育活动的开展,可以更好地把育人理念、目标、要求主题化、具体化,让学生在活动中提升能力素质。系统教育活动的开展,可以帮助学生了解社会,开阔视野,养成良好品格,提高学习能力,增强素质本领。各类文化体育活动的开展,可以起到活跃班级气氛,增强团队合作,鼓舞士气的作用。教育活动的根本目的是育人,让学生在活动过程中提高认识能力、实践能力,培养良好个性,学习做人。教育活动的实效性如何,取决于活动的内容、形式和学生参与的程度。要取得好的效果,活动的内容必须正确、科学、深刻,要符合班集体建设和学生个体发展的需要,符合学生的年龄特点、生理特点、心理特点、知识水平、品德水平、能力水平;活动的形式必须新颖、活泼,为学生所喜闻乐见。

3. 规范制度管理法

规范制度管理法是班主任以规范和制度去规正学生的言行,从而推动班集体的形成和发展的方法。规范制度管理法要求班集体根据学生守则和学校规章制度的要求,从班级的实际情况出发,制定出切实可行的有关规章制度和常规,使班级进行的各项工作、开展的各项活动,都有相应的规范和制度标准。所制定的有关规章制度要

[①] 崔文.小学班集体建设的现状及对策研究:以青岛市某区为例[D].济南:山东师范大学,2013:27-33.

简单明确、具体可行。多从积极方面鼓励,避免从消极方面限制防范。规章制度一经建立,要保持相对的稳定,不能朝令夕改;要坚决执行,不能流于形式。

》思考练习

一、名词解释题

班级组织　班级组织管理　班集体　集体舆论

二、简答题

1. 小学班级组织建设的意义是什么?
2. 小学班级组织建设的要素有哪些?
3. 小学班集体的功能有哪些?
4. 良好班集体形成的标志是什么?
5. 小学班集体建设的方法有哪些?

三、实践探究题

1. 实际调研小学某班级班干部,梳理该班级的组织架构。
2. 结合实际调研经历,设计一份小学班集体建设方案。

第五章　小学班级文化管理

>> 学习目标

1. 理解小学班级文化的概念和构成。
2. 熟悉小学班级文化的特征和功能。
3. 熟悉小学班级文化建设的内容与小学班级精神文化建设的意义。
4. 理解小学班级文化建设实施的原则。

小学生的全面发展和健康成长需要良好的环境,这就需要班主任致力于创设这样的环境,即开展必要的班级文化建设。一个优秀的班集体,必定要以特色鲜明、积极向上、活泼健康的班级文化为基础。班级文化对班级成员既起着直接的教育作用,又发挥着潜移默化的影响。其影响范围之广、程度之深,常常超乎人们的想象。班主任作为班级文化建设的领导者,应努力调动小学生参与班级文化建设的能动性,引导小学生团结协作、努力奋斗、共同营造适宜学习与发展的班级文化氛围,助力小学生的全面发展和健康成长。

第一节 小学班级文化概述

班级文化是一个班级的灵魂,是由班级成员在班集体的形成和发展的实践中形成的一种特殊文化,是学校文化的重要组成部分。班级文化不仅对班级成员行为具有自我调节、自我约束的作用,也对学校的教学、管理工作的开展、办学品牌特色的形成具有重要影响。班主任要引领班级成员共同营造健康和谐、团结互助、积极向上、充满活力的班级文化。

一、小学班级文化的概念

所谓"文化",是指人类在社会历史发展过程中创造的物质财富和精神财富的总和,如天文地理、文学艺术、教育、建筑、风土人情、民族习俗等。[1]文化是一种社会现象,是人们长期创造形成的产物,同时又是一种历史现象,是社会历史的积淀物。确切地说,文化是凝结在物质之中又游离于物质之外的,能够被传承的国家或民族的历史、地理、风土人情、传统习俗、生活方式、文学艺术、行为规范、思维方式、价值观念等,是人与人之间进行交流的普遍认可的一种能够传承的意识形态。[2]

班级文化是指在班级成员处理外部适应和内部融合过程中形成的,为班级成员所认同,用来教育并引领班级成员,具有延续性、一致性的行为方式和价值、信念体系,即一个班级在长期的学习、生活和日常活动中所凝聚起来的一种班级氛围、班级精神、班级理念、班级舆论,以及体现在全班同学身上的共同价值观念、道德规范和行为方式,是全班同学共有的信念、价值观、态度的复合体。班级成员的言行倾向、人际环境、班级风气等为其主体标识,班级的标志、班训、制度、墙报、黑板报、活动角及教室内外环境布置等则为其物化反映。

二、小学班级文化的构成

班级文化的内容与形式丰富多样,不同的学者有不同的见解。一般对班级文化结构的分析有以下三种观点。

---

[1] 何万国.现代班主任工作研究[M].成都:西南交通大学出版社,2009:323.
[2] 付学成,吕炳君.班级管理的理论与实践[M].北京:北京师范大学出版社,2016:197.

(一)两分法

这种观点把班级文化分为外显层和内隐层。外显层,是指那些以精神物化产品和行为表现出来的,人们能够直观感受到的内容,它包括班级的标志、教室的环境布置、班级规章和班级成员行为等;内隐层,是指班级的价值观念、道德规范、班风等[1],反映了班级成员的共同追求和奋斗目标,它也是班级文化的根本。

(二)三分法

这种观点把班级文化分为班级物质文化、班级制度文化和班级精神文化。外层是班级物质文化,如班级硬件设施配备、桌椅摆放、座位编排和主体墙面布置等,并由此反映出班级主体的特点、习惯和风格等;中层是班级制度文化,包括班级的规章制度、行为规范以及渗透到学生思想中并且班级成员共同遵循的道德观念、行为准则等;内层是班级精神文化,包括班级成员的精神追求目标、班级行为规范、价值取向等,并由此体现出的班级同学的共同追求、共同意志、共同情感等,它也是班级文化的核心。在三个层面中,班级物质文化是基础,班级制度文化是关键,班级精神文化是核心和灵魂。[2]

(三)四分法

这种观点把班级文化分为班级物质文化、班级制度文化、班级精神文化和班级行为文化。比上面的三分法多了一种班级行为文化。所谓班级行为文化,是指班级成员在班主任的组织引领下,在由学生组织的,为了实现班级教育目标而开展的集体教育活动中,学生所表现出来的具体行为所代表的价值取向。它是班级文化中最活跃的因素,可以直接反映出班级的精神风貌、管理水平,是班级群体意识和班级精神的真实写照。表现为班会、学习、竞赛、文艺、集会等多种不同的活动形式,是班级生命力的源泉,有助于发展学生的个性,培养学生的社会实践能力、集体荣誉感和综合素质。

三、小学班级文化的特征

在学校里,学生最主要的成长环境就是班级,学生是创建班级文化的主体。因而,班级文化具有明显的学生文化特征,主要表现在以下四个方面。

---

[1] 邓艳红.小学班级管理[M].上海:华东师范大学出版社,2022:98.
[2] 付学成,吕炳君.班级管理的理论与实践[M].北京:北京师范大学出版社,2016:198.

(一)独特性与抽象性

首先,不同的班级会形成不同的班级文化,是因为班级文化是建构在师生个体差异的前提下,有其独特性。每个班级都有其独特的学习风气、班级精神、管理理念、主流舆论,有自己班级里形成的价值观。因此,所形成的班级文化也是不同的,各有特点。其次,每个班级的教室布置、座位编排、班级精神文化载体等都各具风格。抽象性体现在班级的标志、班歌、班训等方面,可以用一幅具有特殊含义的图案表达班级愿景,用一首歌曲表达班级精神,用一句凝练的词句概括班级奋斗目标等。

(二)内隐性与长期性

班级文化具有外显性特征,但更多的是内隐性特征。因为班级文化主要是以对学生培养正确的价值观的形式出现,除了班训、班级制度等外显文化是醒目张贴在教室内,更多的是对潜藏在班级成员的思想观念、行为习惯中的隐性文化的建设,这对学生的影响是潜移默化的。学生在班级文化中受到的感染和同化,也是在不知不觉、无意识的过程中实现的。然而这种影响一旦产生,其效果又是显著的、久远的,甚至会影响学生的一生,体现了班级文化的长期性。

(三)一致性与向上性

班级组织是学校实现立德树人教育目标的主要场所,班级文化是整个校园文化的一部分,因而班级文化的理念应该与学校的教育理念、校园文化是一致的。班级文化的建设要着眼于学生的全面发展和综合素质的提高,符合党和国家的教育方针和培养目标,传播正确的世界观、人生观、价值观等,使学生在良好的氛围中得到熏陶和教育。

(四)难模仿性

班级文化是为本班同学所认同的并用来共同学习的一套价值体系(包括共同意识、价值观念、职业道德、行为规范和准则等)。班级的硬件设施、环境安排可以模仿,但班级文化是模仿不了的。因此,班级文化是班级的核心凝聚力和班级发展的源泉,也是班级管理和发展的基本驱动力。[①]

四、小学班级文化的功能

恩格斯曾说过,人是环境的产物,环境是一种教育的力量。环境是一种文化,在

[①] 付学成,吕炳君.班级管理的理论与实践[M].北京:北京师范大学出版社,2016:202.

具体的环境中学生究竟学会了什么,不在于教师有意识地教给学生什么,而在于学生是在什么样的环境中学习和生活。这充分体现了班级文化的重要功能。班级文化的功能主要体现在以下五个方面。

(一)教育功能

班级文化是一种观念文化,以班风、学风、价值观念、人际关系和舆论等形式体现。不同班级的行为文化和物质文化,会对班级内的每一名学生都起到潜移默化的影响。它通过文字、图片、活动影响学生的发展、陶冶学生的情操、塑造学生的灵魂,从而实现教育意义。

(二)凝聚功能

当班级的核心价值观确立之后,就会产生强大的凝聚力,使个人发展与班级发展方向一致。班级文化是班级成员共同认可的,寄托着共同的理想与追求,体现着共同的价值追求。这种共同的心理意识、价值观念和文化习性会激发班级成员对班级目标、准则的认同感和作为班级一员的使命感、自豪感和归属感,从而形成强烈的向心力、凝聚力和群体意识。[1]

(三)激励功能

班级文化可以将学生的积极性、主动性、创造性调动和激发出来。班主任通过对班级内表现优秀学生的表彰,激发班级成员的从众心理,把学生潜在的能力激发出来,促使学生以高昂的情绪和奋发进取的精神积极投入学习和生活中去。实践表明,在班集体中,班级文化建设水平越高,激励作用越容易得到体现。[2]

(四)约束功能

班级文化为班集体的发展和班级成员的个体发展确立正确的方向,也对班级成员的一些不良行为起到约束作用。班级制度(班级公约)一旦形成,就会制约班级成员的言行,使班级成员自觉地约束自己,让自己的行为符合班级规范。良好的班级文化对班集体建设和班级成员个体的发展都具有极大的影响,为此,班主任要充分认识到班级文化建设的重要性,注重整体建设,利用各种有效资源创建班级文化,从而更好地发挥班级文化的育人功能。

---

[1] 付学成,吕炳君.班级管理的理论与实践[M].北京:北京师范大学出版社,2016:203.
[2] 曹荣誉.小学班级管理[M].重庆:西南师范大学出版社,2019:73.

(五)导向功能

班级文化能对班集体和班级成员个体的价值取向和行为取向产生鲜明的导向功能。它通过各种不同形式文化因素的暗示,渗透到班级成员内心,帮助班级成员形成正确的价值观念和行为取向。实践证明,长期处在某一班级文化中的学生,在其熏陶下,必然形成相应的价值观念和思维方式。[1]

第二节 小学班级文化建设

班级是学生健康成长、全面发展的重要组织。为了实现立德树人的教育目标,班主任必须重视班级文化建设。一个优秀的班集体,必须形成特色鲜明、积极向上、健康乐观的班级文化,为学生的身心健康成长起到引导作用。班主任只有不断地创建具有自己班级特色的班级文化,才能更好地实现育人功能,更好地促进学生的健康成长和身心的全面发展。

一、小学班级物质文化建设

班级物质文化在班级文化建设结构体系中处于外层,是以教室内外环境、班级文化标识为主要内容的文化形态,也是班级文化的载体。

(一)班级物质环境建设

班级物质文化主要包括班级硬件设施配备、桌椅摆放、座位编排和主体墙面布置等,以及由此反映出的班级主体的特点、习惯和风格等。班主任在学校给班级提供了良好教育设备(宽敞通亮、空气流通、视听效果佳的教室以及相关教学设备等)的基础上,可组织全班同学对教室进行精心的"装饰",让教室的每面墙壁、每个角落都展示教育内容、蕴含教育意义。苏霍姆林斯基指出,无论是种植花草树木,还是悬挂图片标语,或是利用墙报,我们都将从审美的角度深入规划,以便挖掘出其潜移默化的育人功能,并最终实现连学校的墙壁也在说话。小学班级物质文化建设内容主要涉及教室环境布置和教室座位编排等两个方面。[2]

1. 教室环境布置

(1)教室环境布置的规划

---

[1] 何万国.现代班主任工作研究[M].成都:西南交通大学出版社,2009:329-330.
[2] 田恒平.班主任理论与实务[M].北京:首都师范大学出版社,2007:177-178.

教室是班级组织存在的物质条件,是班级的生活场所,是班级文化的组成部分。具有教育性、生动性和安全性的教室环境,对学生能够起到陶冶情操、激发兴趣、培养情感的积极作用。教室环境布置的内容没有定规,班主任可以根据班级特点进行布置,布置的内容主要有黑板报、公告栏、学习园地、评比栏、标语张贴、图书角、绿植花、桌套、桌椅摆放、劳动工具归置、书画长廊、一展风采等。

教室环境布置是一项非常具体、非常繁杂的工作。教师可以借鉴他人的经验与做法,遵循教室布置的一些基本规律和原则,大胆实践创新,打造出有特色的班级环境。

(2)教室环境布置的原则

第一,教育性。教室环境布置必须充分考虑教室环境对学生的教育作用,让布置的内容对学生起到春风化雨、潜移默化的陶冶功效。因此,在教室环境布置时,要以思想性强、启迪性强、激励性强为出发点,减少传统性的口号、教条式的标语,选择那些催人上进、发人深思,富有号召性、激励性的内容,从而实现教室整体气氛的提升,杜绝内容的随意性。在布置了这些内容后,班主任不要忘记适时点拨、讲解,避免学生对其不甚了解或视而不见,从而增强其实效性。

第二,主体性。在小学里的每一个班级都有相对固定的教室,班级组织的基本成员是教师和学生,因此,教室环境的布置工作要在教师的领导下,由师生共同完成(小学低年级是以教师为主、学生为辅;中年级是在教师指导下由学生完成;高年级则是可以完全由学生自主完成)。师生的共同协作不仅可以建立起良好的师生关系,而且还能充分地培养学生的各种能力,把布置教室的过程变为培养学生的主体意识、实践能力,增强班级凝聚力的过程。

第三,阶段性。教室环境布置要符合学生的心理特点。从不同年龄段学生的特点出发,既要考虑到教育性,还要考虑到趣味性,突出"童心"。教室环境布置在内容形式上的选择要符合学生年龄阶段的特点和知识层次。对低年级来说,形式上要活泼一些,色彩上要鲜艳一些,格调上要充满童真童趣,语言精简凝练,文字和内容浅显易懂,主题上以勤奋学习、规范行为为主。这样布置更能引起低年级学生的注意,使学生产生浓厚的兴趣。对高年级来说,形式上要庄重一些,色彩上要素洁一些,格调上要高雅一些,文字、内容上要富有哲理、寓意深刻,主题上以培养品格、陶冶性情、提高修养为主。这样布置可以培养学生含蓄内敛的品格,使学生产生一种厚重感和动力,并感受到期望。

第四,艺术性。教室环境布置要突出"优化育人环境"的"优"字,因此,在教室环境布置时,必须遵循整体性和艺术性原则,盲目追求形式上的花哨,结果往往适得其反。教室环境布置要力求风格鲜明,和谐大方,标语要醒目、图画要精美、装饰要得体、栏目要一致、字体规格要统一、色彩搭配要适宜。

第五,实用性。教室环境布置不能只是装饰与点缀,而要考虑规范行为、培养品格、陶冶性情、锻炼能力、丰富知识、配合单元教学的实际需要。所有的栏目在填充内容时都要考虑所选内容的意义和价值。在教室环境布置时,适当添加与教材有关的辅助教学资源,增强教室环境布置实用性的有效方法。如上自然课时,可安排一个相关主题的图片展;上生理卫生课时,可在教室的适当位置张贴人体结构图;上作文课时,可安排一个学生优秀习作展等。

第六,整体性。教室是一个拥有整体性的教育环境,要做到整体结构优美,合理利用空间,形式丰富多样,色彩搭配自然和谐。如教室的前面黑板上方可以挑选一句整个班级的座右铭;"班训"或"班徽"可以张贴或悬挂在教室的醒目之处;教室的正墙上可以悬挂班旗或国旗以及张贴治学格言,两侧的墙壁张贴一些字画、著名人物图像等;教室的四角,可以安排成自然角、科技角、书法角等;教室的后面黑板报应经常更换,可以由学生自己排版、策划。教室环境布置不能凌乱,最好的办法是先确立班级的主旨,使各个部分都和谐统一起来。如一个以自然为主题的教室,我们就可以用四季的变化来布置,从而激发学生探索大自然奥秘的兴趣。[1]

》案例 5-1

教室布置的年龄特点[2]

低年级的教室布置可充满童趣,而高年级的教室布置则可彰显内涵。例如,我曾带过的一个六年级班级,在班级的一面墙上是学生每个星期学习状态的总结,让学生在竞争与努力中你追我赶。红花榜之类的标语显然已经不太适合,在这种生态环境中,我用了"静静地耕耘、静静地收获"来固定教室布置的基调。在另外两面墙上分别贴上了以"找寻春天的足迹"和"关注一刹那"为主题的习作版面,让学生用自己的心灵感悟进行相互交流。又如,我现在带的一个三年级班级,我的主题就是让学生享受阅读,让他们在充满浓浓书香味道的教室共享阅读的乐趣。因此,在一面墙上,我以"书香满屋"为主题,粘贴了许多有意思的小童话、小寓言;而另一面墙上,则以"秋天

---

[1] 付学成,吕炳君.班级管理的理论与实践[M]北京:北京师范大学出版社,2016:74-75.
[2] 曾瑶.生命视野下的小学班级文化建设[D].长沙:湖南师范大学,2011:10.

的童话"为主题,粘贴学生的优秀日记。教室空白的墙面上,用几张印有名人名言的装饰画点缀,整间教室充满着浓浓的书香,高雅而别致,让人赏心悦目。

2.教室座位编排

教室座位编排是指学生日常座位次序的排列方式。座位的编排方式对学生的课堂行为、学习态度、学习效果、人际关系、日常交往以及整个教育活动有直接或间接的影响。每一名学生都想拥有一个自己心目中的理想位置,但是座位编排不可能让所有人都满意,有可能会引发一些矛盾。班主任在编排座位和管理上,基于公平、公正的原则,既要科学地安排,又要注意方式方法。班主任在编排座位和管理上应从以下两方面考虑。

(1)根据有利于学生身心发展的方面考虑

生理因素方面。小学生的性别意识不强,男生和女生可以安排为同桌,身材高大者坐后排,身材矮小者坐前排。视力和听力的情况也要考虑进去。在个性因素方面:性格、气质不同的学生可以安排为同桌;遵守纪律和自我约束差的可以安排为同桌;兴趣爱好相同与不同的合理安排。这样在某些方面形成了优势互补和互相制约,有利于学生之间互相监督、互相促进。在智力因素方面:学习好的、善于思考的与成绩不理想、学习方法掌握不好的学生可以安排为同桌;注意力好的学生与注意力较差的学生可以安排为同桌。这样有利于同学之间互相学习、互相帮助、共同提高。

(2)根据班级教学和活动的需要。

"秧田式"是最常见的方式。这种排列方式有利于教师掌控学生,教学效率高,但不利于学生之间的交流。目前采用较多的是"模块式"座位编排方式。但无论采用何种座位编排方式,都要考虑到学生的实际情况,原则上以身高为座位安排的第一考虑点,但要兼顾视力不佳及生理状况特殊的学生,让每一名学生都能清楚地看到黑板上的文字。另一个重要的原则是教室安排要与教学目标及教学活动相契合。确定教师的目光很容易扫描到全班同学,使学生在座位上的学习情形,教师都能由观察得知。同时还要考虑到教室空间,尤其是要注意安全性。教室座位要根据实际课堂需求和学生行为表现调整,最好是每隔一星期或两星期轮流调整一次。①

(二)小学班级标志建设

班级标志是班级文化的具体展示,是体现班级文化的个性化标志,一般包括两个部分:一是,班级名称、班训、班歌、班徽等班级精神标志;二是,班服、班旗等物质形态标志。

---

① 曹荣誉,吴霞飞.小学班级管理.[M].重庆:西南师范大学出版社,2019:77.

班级文化标志的设计，要充分发挥学生的主体作用，相信学生的创造潜能，把设计的主动权交给学生。班名、班训、班徽、班歌等，作为班级形象和班级特色的外显标志，是班级文化的精华。优秀的班级标志能强化学生对班级的认同感和自豪感，对学生个体发展产生持久影响。

班主任可以组织学生设计班徽、班旗、班歌、班训（班级口号）等凝聚班级核心价值观的文化符号，培养班级共同语言。这里主要从班名、班训、班徽、班歌来阐述班级标志建设的主要内容。

1. 班名

班名作为班级和班级特色的标志，有助于学生对班级产生认同感和自豪感。如"飞翼班"作为班名，谐音"非一般"，即与众不同、绝非一般的意思，象征着班级的腾飞。[①]

2. 班训

班训是生动凝练但寓意深长、催人奋进的语句，表达出班级的奋斗目标和价值追求，成为班级管理的指向标。流露出对学生的教导和劝诫，指引学生成长的方向和班级发展的方向。班训是班级整体精神与目标的体现。

班训的拟定需要注意以下几点：第一，要兼顾内容和形式。用凝练的语言表达深沉的寓意，对班级成员有明确的宣传和鼓励作用，引导全班同学积极向上。字数不宜过多，一般控制在4—12字之间，最好为双数；第二，要有创意。既要符合班情，体现班级特色，又要贴近每一名学生的心，具有极强的针对性和可操作性；第三，要讲究文采。如运用对偶的方式拟就班训"学海无涯、脚下有路"。一方面富有节奏感，读之朗朗上口，听之和谐悦耳，又便于记忆；另一方面言简意赅，内涵丰富，让人回味无穷，不失为班训中的精品。

3. 班徽

徽是用来表现主体的固有性格和最高理想。班徽是指彰显班级形象的图案标志，由图像、文字、数字、色彩等元素构成，用于突出班级的人文特色与形象特征，展现学生积极向上、集体朝气蓬勃的精神风貌，是反映班级文化、精神特征的一种物化标志。班徽，学生可佩戴在身上，也可以悬挂在教室里。只要对学生的人格发展有益，班徽的形式及其使用可以多种多样。

班徽是代表班级的标识符号，是无形班级文化的一种外在体现。班徽的设计和

[①] 郑航.班级管理与学生指导[M].北京:北京师范大学出版社,2011:53.

选择一般要求精致美观、积极向上、简明大气,能够为班级绝大多数成员所接受和喜欢,并且能够代表班级特征和目标追求。

4. 班歌

班歌体现一个班的精神面貌,是班级的灵魂所在。班歌对学生的教育是无形的,具有寓教于乐、鼓舞士气、振奋精神、激励合作的作用。音乐既具有娱乐、消遣、调节身心和精神状态等作用,还有审美教育作用。孔子认为诗可以"群""兴""乐",诗歌有一定的教育功能。而班歌作为歌的另外一种形式,可以增强集体的凝聚力、向心力;可以催人奋发、进取,激发创造意念、冲动;实现寓教于乐。班歌是班级文化中不可缺少的重要内容,它是班级及学校的精神风貌、历史文化传统、办学方向和特色的一种典型文化标志。

班歌的制作通常有三种办法:一是,借用某一首现成的歌曲做班歌,以激励全体学生奋发向上;二是,将现成歌曲的词重新改写,借用原曲进行演唱的班歌;三是,由班主任与学生一起写好词,然后请曲作家帮助谱曲。

》案例 5-2

"我为班级设计班名、班徽、班旗、班歌、班训"活动[①]

一个班级就如同一个人,不仅要有形体,更要有自己的灵魂。只有给这个团队注入真正的灵魂,它才会是一支优秀的团队。"我为班级设计班名、班徽、班旗、班歌、班训"活动,充分发挥了学生的自主性与创造性,人人都来参与设计、创作。最后,经过班级成员集体设计和讨论,将最终确定的班名、班徽、班旗、班歌、班训制作成精美的图片,悬挂在教室的墙壁上。

学生们将班级命名为"奇迹七班",并确定了"奇迹七班,创造奇迹"的班训,充满了激情与号召力,使班级内每一名学生的心紧紧地连在一起。他们设计的班徽美观新颖而又内涵深刻;他们确定的班级目标、创编的班歌,激起了师生昂扬的斗志;他们设计的班旗,在设计理念中写道:"奇迹七班的班旗颜色为红色,象征着同学们蓬勃的青春、激情和力量。班旗的图案由内、外两部分组成:内部图形数字7变形为萌发的绿芽,既寓意班级的序号,又寓意同学们在成长的岁月里脚踏实地,厚积薄发;外部图形是字母Q的变形,既寓意'奇迹七班,创造奇迹',又寓意全班同学是团结友爱的一家

---

① 王金重. 我这样做班主任[M]. 北京:中国言实出版社,2015:162.

人。班旗引领着同学们在青春的道路上奋勇前行,成为学校班级建设中的一面旗帜。"

这项活动不仅使学生对班级产生了强烈的认同感和自豪感,更为重要的是这些设计充分挖掘了学生的创造力、合作力,增进了学生之间的相互了解、激发了学生的集体荣誉感,提升了班级的凝聚力。

二、小学班级制度文化建设

班级制度文化处于班级文化结构体系的中层,是以班级模式化的人际交往方式和规章制度为主要内容的文化形态,规定着一切教育活动的行为标准,是班级文化的保障。

班级制度文化是一个班级得以建立和存在的保证,只有设计出合理恰当的班级制度并将其落到实处,班级的发展才有章可循。学校制度向班级制度的转换,是班主任的创造过程。学校的教育制度本身包含着丰富的教育资源,但学校的各项制度规范,只能是一种原则性的规定,它的教育价值必须由班主任或任课教师通过自己的创造来挖掘。这就是为什么在同一所学校中,不同的班级或不同的班主任都做着同样的事情,但教育效果却完全不同的内在原因。爱因斯坦曾说过,创造比知识更重要,知识是有限的,而创造是无限的。班主任只有用自己的教育知识和创造力去面对学校的教育制度与管理规范,才能使学校的各项教育制度顺利转换成班级特有的教育规范。[①]

(一)用人文理念来建设班级制度

人文理念,是指在制定和利用班级制度管理班级的过程中,充分尊重学生的主体地位,最大程度地发挥学生的主动性和创造力,站在学生的角度思考问题。班级制度,是指班级根据国家教育方针和学校要求,制定的班级学生行为规范和得到班级成员共同认可的行为准则。班级制度在班级内具有强制性,它不仅奖励对班级有贡献的行为,还惩罚损害班级利益的行为,班级制度具有引导、警示和纠偏功能。

在强调制度强制性的同时,我们还主张班级制度的建设要重奖轻惩。作为学校教育的一部分,称赞、奖励、惩罚等都只是班级制度制定的一种手段,其最终目的还是育人。小学生的年龄阶段决定了他们难免会犯一些错误,而教育的职能,就是及时纠正他们的不良言行,及时帮助他们走出误区,一味地处罚会伤及小学生的自尊心和创

---

① 曹荣誉.小学班级管理[M].重庆:西南师范大学出版社,2019:79.

新意识,并不利于班级文化氛围的形成。因此,以学生全面发展为本的班级制度必须在人文理念的指导下来制定。

1.全员参与

现代管理已进入了民主管理阶段,任何一个组织的发展都不能单靠少数几个领导,班级管理也是如此。班级制度的建设不能由班主任或班委会闭门造车,应集思广益,用心听取全体师生的意见,让全体师生都参与到班级制度的建设中来。大量事实表明,由全体师生共同参与制定的制度,学生在感情上更容易接受和认可,在内容上更容易理解,在行动上更容易遵守。

2.引导为主

制度是一种具有强制力、约束力的条文。对天真烂漫的小学生而言,在制定制度时的语言表述可以采用简单凝练、通俗易懂、易于接受的形式;表现形式应刚柔并济,既要以教育引导为主,制度内容不能太绝对,又要留有充分的余地。班级内不可能杜绝学生犯错,而是要引导学生认识错误,并且改正错误。

3.切实可行

班级制度的制定既要遵循社会的规范要求,又要契合班级的实际情况,要具有针对性和可操作性,这样既有利于学生行为的规范,又有利于班级各种问题的解决。制度的制定要有针对性,可根据班级的实际情况和班级现在或将来可能出现的某种倾向来制定。班规内容必须具体明确、合理可行,每一名学生都能做到,因而要考虑到学生的认知与道德发展层次。班级制度不宜太复杂,表述应通俗易懂,条款应具有可操作性。

(二)班级制度的宣传与落实

1.班级制度的宣传

班级制度的宣传是学生实现从强制约束向自觉遵守的转化。班主任可以结合全班同学的心理特点和年龄特征,通过晨会、黑板报、主题班会、辩论会等形式,及时地进行讲解和宣传;还可以组织班级开展形式丰富多彩的活动,让学生在活动中体验制度存在的价值,再结合活动中出现的行为,给予正确引导,帮助学生养成自觉遵守班级制度的好习惯。

2.班级制度的落实

班级制度的落实是指一个行为文化的建设过程。班级行为文化建设是指班主任有目的、有计划地指导和开展形式多样、内容健康的文化活动。班主任要善于组织学生开展丰富多彩的集体活动，如主题班会、文体活动、竞赛活动、社会实践活动等。通过这些活动促使学生自觉规范自己的日常行为，养成良好的行为习惯。

除了让学生在活动中体验、感悟、发展以外，还要用制度纠正学生的不良行为。制度的纠偏实质上是制度的执行，学生在行为中犯错通常有三种情况，执行制度时，可以根据不同情况给予不同的处理方式：一是，"犯错不知错"，是指学生在很多时候并不知道自己的行为会对他人或集体造成危害，即使有了错误行为，也懵然不知。对于这种犯错的学生，班主任在执行制度时重点要落在让学生认识到错误这个点上；二是，"犯错不自觉"，由于学生正处于未成熟期，自制力较差，很多时候明知道会对他人或集体造成危害，但还是不自觉地做了，当犯错以后，马上醒悟并显得非常自责，这就是"犯错不自觉"。对于这种犯错的学生，班主任在执行制度时重点要落在自制力的培养上，要有耐心，给学生一些时间来改正错误。如有一名学生一时糊涂偷了别人的东西，几天后认识到自己的错误，将所偷之物交给老师，并请求老师为其保守秘密。班主任可以在为其保密的基础上，对学生进行纠错引导，并适当的引导学生改正错误。类似的事情在班级管理中不胜枚举，这种执行制度的文化管理也被称为班级的模糊管理；三是，"知错也犯错"。学生明知道是不对的，但还是会去做。教育这类学生难度比较大，需要班主任有勇气、经验和智慧。班主任可通过改善师生关系、行为矫正的方法来教育学生。

（三）巧用批评与表扬，培养学生规则意识

班级制度的合理性来自科学的管理理念，班级制度通过强制性的规定来引导或约束学生的行为。所以，在制定班级制度时，首先要遵循管理学上的"火炉原则"，即："不碰则不烫""一碰即烫""哪碰哪烫""谁碰谁烫"。具体说来就是用制度管人要做到一视同仁、公平公正、及时有效，谁触犯了班规谁就要受到惩罚。学生学习、吸收、内化班级制度的过程，本身就是一个接受教育的过程。班级制度文化不仅为学生提供了一个制度化的环境，还为学生提供了评定品格和行为的尺度。每一名学生在制度的规范下自觉地约束自己言行的同时，还会关注到其他同学的表现，促使学生在良好的文化氛围中建立法治观念，做到按照规范办事，履行自己的职责和义务，依法维护自己的权利，不断提高自身的社会化程度。[①]

[①] 曹荣誉.小学班级管理.[M].重庆：西南师范大学出版社,2019:83.

三、小学班级精神文化建设

班级精神文化是班级文化的灵魂,是班级文化中居于内层的、隐性的文化。班级精神文化在班级核心价值观的指导下,一是,以外显的符号标志系统体现,如班名、班训、班徽、班歌等,班训是班级文化的集中体现;二是,在班级的奋斗目标和班级愿景中体现(班级愿景是班级目标的具体化);三是,在班级舆论、班风、人际关系中体现。班风是班级精神文化的灵魂。班训、班徽和班歌等班级符号标志既是班级精神文化的体现,同时又是班级物质文化的表现,在"班级物质文化建设"部分已经介绍过。这里班级精神文化的建设主要介绍班级愿景和班风。

(一)班级愿景的建立

1.班级愿景的概念和意义

愿景是指一种共同的愿望、理想、远景或目标。愿景作为管理专业知识中的用语,首先出现在企业管理领域,随后被引入其他管理领域,包括班级管理领域。美国组织管理学专家彼得·圣吉认为,共同愿景(Shared Vision)是组织中人们所共同持有的意象或景象,它创造出众人是一体的感觉,并遍布到组织全面的活动,而使各种不同的活动融汇起来。[①]共同愿景的建设强调通过自下而上的程序,融合个人目标和组织目标,确定共同理想,使之成为组织成员共同关切的焦点,进而产生强烈实现其愿景的动力与希望。共同愿景的整合,涉及运用"未来景象"的技术,它帮助培养组织成员主动而真诚地奉献和投入,而非被动地遵从。

班级愿景是指基于班级成员的个人愿景,经过充分地酝酿与讨论,为班级成员所认同并愿意践行的班级共同愿景。班级愿景与班级目标是相互联系的,班级目标是班级愿景的核心,班级愿景是班级目标内化的结果。班级愿景比班级目标更具体、更形象、更有感召力。

2.建立班级愿景的方法

(1)班级愿景的产生。班级愿景的呈现与产生是一种自下而上的班级组织沟通过程。首先,教师应引导学生反思班级发展的过去与未来、成就与问题,明确班级愿景的方向。其次,教师需要向全体学生阐明班级愿景的意义和价值,激发学生参与班级愿景的热情。再次,教师应发展学生的个人愿景,组织学生探讨他们理想的班级和理想的自己,帮助学生逐步明晰和确立个人理想的愿景目标和愿景特征。

(2)班级愿景的确立。汇总班级成员个人愿景的目标和特征,在教师的引导下,

---
① 曹荣誉.小学班级管理.[M].重庆:西南师范大学出版社,2019:83.

形成班级成员的共同愿景。这个共同的愿景,就是共同的理想、一致的追求、相似的目标。在马卡连柯看来,要激励一个集体、鼓励学生,首先必须形成大家共同拥有的希望和追求。

(3)班级愿景的实施。关键在于班级愿景的强化和坚持,使班级愿景生根和扩散。首先,教师要引导学生制定切实可行的目标,让学生有具体明确的奋斗方向,使愿景生根落地。如对于勤奋学习的愿景,可具体化为学习计划的制订、上课听讲、作业和考试成绩等量化指标。其次,教师要通过开展与班级愿景相关的实践活动,搭建平台让学生实践班级愿景。如根据班级愿景目标,组织班级成员开展班级愿景交流讨论活动,组织培养班级团队精神的活动,组织学习合作活动等,通过班级成员对班级愿景的认知与实践的交互作用,从而使班级愿景在实践活动中得以实现。最后,在班级愿景实践过程中,教师要引导学生反思自身,实现自我超越,进一步改进、完善班级愿景。

(二)班风建设

班风是班级文化的灵魂,良好的班风具有强大的凝聚力和感召力,会无形地鼓舞着班级成员的行为和集体生活,潜移默化地促进学生身心的健康发展。

1.班风的概念及意义

班风是指一个班级稳定的、具有自身特色的集体作风,又称"组织人格"。它是班级绝大多数学生言论、行动和精神状态的共同倾向或表现。班风是班级的精神面貌,它是班级经过长期、细致的教育和严格训练的结果。

班级文化的核心是班风。良好的班风是无声的命令,是不成规章的准则,它能使学生自觉地约束自己的言行举止,抵制和消除不符合班级利益的不良行为。建设优良的班风,能在班级成员的心理上产生巨大的、内在的激励作用,增强班集体的向心力和归属感,还能促使班级成员精神振作、身心愉悦,人与人之间紧密团结、高度信任,人际关系和谐,班集体由此焕发出无穷的力量和生机,班集体与学生获得共同的成长与发展。因此,班级文化成了塑造学生心灵的栖居地。

2.班风建设的方法

(1)建立民主型的领导方式。班主任采用何种方式管理班级,与班风的形成有密切关系。民主型的班级管理方式,有助于学生的身心健康发展;而专制型的班级管理方式,会制约学生的创造性,减弱学生参与班级管理的主动性。建议班主任与任课教师一同参与到班集体建设中,与学生一起制定班级的各项规章制度、班级计划,对班级事务进行集体表决。班主任与教师的行为要接受其他班级成员的监督,对各种班级活动都要给予最大限度的支持,并鼓励学生积极参加,面对不同学生做出的选择,班主任要及时给予客观公正的表扬或批评,尤其在批评时,要考虑不同学生的承受能力,尽量不挫伤学生的积极性。

(2)形成正确的合作与竞争关系。在班级学生的学习活动中,合作和竞争是非常重要的两个方面。合作,是指为了实现同一目标而进行的协同活动。恰当的合作能增进集体的凝聚力,形成团结向上的班风,促进学生的和谐健康发展。在合作的过程中,学生能迅速发现自己的不足与他人的优势,认识到彼此间的差异,从而通过互相学习、弥补不足,提高学习的自觉性。竞争,是指为了实现某一目标而与他人比拼,以达到自己目的的活动。合理的竞争能活跃课堂的气氛,使集体生活富有生机与活力,增强学习的乐趣。合理竞争还能够激发学生的学习动力,提高他们的标准和抱负,提高学习的效率。但是,过度竞争会造成部分学生过分紧张和焦虑,从而影响其学习效果,或引起学生对学习的抵触情绪。过分地强调竞争,还会引发学生之间的矛盾,造成学生只关注结果不注重过程。所以,协调好这两者的关系,对班风的建设非常重要。

(3)致力于正确舆论的引导。集体舆论,是指在集体中占优势的,为大多数同学所认同的观点和意见,通常以议论、褒贬等方式肯定或否定集体或成员的言行。如果在一个班级中形成了正确的集体舆论,符合行为规范的思想和言行就会得到肯定,各种违规违纪行为就会遭到否定。班主任要充分利用班级舆论阵地(如班会、少先队活动、黑板报等)对学生行为进行引导、鼓励先进、维护正气,抵制歪风邪气,提高学生判断是非的能力。

(4)引导非正式群体健康发展。小学生进入中年级以后,同辈集体和伙伴关系开始影响个体的发展。学生会有意识地选择部分同学去接近,以形成自己的人际关系。班级内部可能会产生一个或多个非正式群体。这些群体往往有自己的"核心人物",有一定的行事原则,对与外界的交往有一定的抵触。非正式群体会对班级的发展产生一定的影响:当它的原则与班级原则一致时,它能通过积极参与班级活动来维护集体的利益,从而极大地促进班级的发展;当它的原则与班级的原则不一致或是相背时,它就会阻碍班级的建设、损害班级的利益。所以,班主任要加强对班级中存在的非正式群体的正面影响,通过一定的策略,把非正式群体的"核心人物"引向"正道"。[①]

---

① 曹荣誉.小学班级管理.[M].重庆:西南师范大学出版社,2019:86.

五、小学班级文化建设实施的原则

(一)全面性和深入性相结合的原则

班级文化建设的内容要全面,不仅重视物质文化建设,还重视制度文化建设和精神文化建设。在一些班级文化建设中,把物质文化等同于物质,制度文化等同于制度,精神文化等同于一些精神,文化的标识系统缺乏人文和科学精神。这种认识的偏差使班级文化建设逐渐趋于形式化,走向形而上学,一味追求班级环境优美,班训、班风包装,班规形式化等。班级文化建设不能只停留在表面的物质文化建设层面,还要深入到班级精神文化建设层面,如学习态度和行为方式等方面,从而促使班级师生的学习态度、价值观念以及行为方式发生改变。

(二)理论与实践相结合的原则

班级文化建设要从班级文化实践中提炼班级文化理论,再把班级文化理论运用到班级文化实践中。有些班主任在班级文化建设中往往只是基于经验,缺乏相应的理论指导,缺乏与班级文化研究者的沟通和合作;有些理论研究者也很少深入到班级实际教学活动中,这样的研究方式导致研究成果无法对实践起到基本的指导作用。因此,班级文化理论与班级文化实践的有机结合才是班级文化建设的出路。

(三)继承与创新相结合的原则

继承是指对原有事物合理因素的延续,创新是指旧事物向新事物的转变,是一种扬弃。批判继承和发展创新应有机统一。班级文化建设要对中华传统文化进行批判性地继承,把弘扬中华优秀传统文化与班级文化建设的各项活动有机结合。创新是班级文化永葆活力的关键所在。创新不仅包括理念的创新和内容的创新,还包括机制的创新和方法的创新,班级要注意培养班级成员的批判精神,并给予班级成员充分的思想自由、学术自由,为班级文化的创新营造良好的环境和氛围。

(四)借鉴与个性相结合的原则

企业文化建设和班级文化建设具有一些共性,合理借鉴一些成熟的科学管理,把科学管理的理念引入学校管理中,借鉴企业文化建设中的成果,合理借鉴兄弟学校的成功经验,是班级文化建设的重要策略。但是每个班级都具有自身的独特性,尤其是教育对象的独特性,这就要求班级文化的建设也要坚持一定的个性,要百家争鸣式地进行班级文化建设。

案例 5-3

班级文化创建的CIS理论模式[①]

班级文化是一种特殊的环境,是班级成员在共同的学习、工作和生活中所创造的物质、制度和精神环境的总和。可以借鉴企业形象系统(CIS)理论进行班级形象设计,从CIS理论的"理念识别、行为识别、视觉识别"三方面构建班级文化。

企业形象系统是英文"Corporate Identity System"的中文翻译,简称CIS,是企业视觉设计、理念形象、行为形象的统称,是一种源自西方的现代品牌传播手段。

CIS理论包括三部分,即理念识别(Mind Identity,简称MI)、行为识别(Behavior Identity,简称BI)、视觉识别(Visual Identity,简称VI)。其中,核心是MI,它是整个CIS的最高决策层,给整个系统奠定了理论基础和行为准则,并通过BI、VI表达出来。所有的行为识别与视觉识别都是围绕着MI这个中心展开的,成功的BI与VI就是将企业富有个性、独特的精神准确地表达出来。

班级形象是以班级相关的一切活动、事物、人员为载体而反映出来的,涉及班级的方方面面,这就要求班主任要借助形象设计系统来实现,参照"企业形象系统"的管理模式,依据班级管理的实践进行应用。

班级MI具体包括班训、班风、班级宣传口号等一系列理念。班级理念能够加强班级学生的集体意识,突出班级特色,进而形成团结向上的班风,同时也为班级BI和班级VI的演绎指明方向。

班级BI具体包括班规班纪、行为准则。班级行为的规范能够使学生注意到自己的日常行为都关系到班集体的利益,在维护班集体利益的过程中,培养良好的行为习惯。

班级VI应当贯彻班级MI,并且保持与班级BI的高度吻合,其内容主要包括班级标志、班级名称、班旗、班级吉祥物、班服、班级手抄报、班级日志等。班级VI内容的适当选用能够从形式上强化班级意识,但是要根据具体班级的实际情况权衡。不切实际地生搬硬套,不但浪费时间精力,也很难达到理想效果。

[①] 曹宗清.CIS理论在班级文化建设中的实践[J].学校管理,2017(2):54-55.

思考练习

一、名词解释题

班级文化　班级物质文化　班级精神文化　班风　班级愿景

二、简答题

1. 小学班级文化的特征有哪些?
2. 小学班级文化的功能有哪些?
3. 小学班级物质文化建设的内容是什么?
4. 小学班级制度文化建设的内容是什么?
5. 小学班级精神文化建设的内容是什么?

三、实践探究题

1. 实际调研小学某班级文化建设的现状,分析其班级文化建设存在的问题。
2. 结合实际调研经历,设计一份班级文化建设方案。

第六章　小学班级突发事件处理

》学习目标

1. 理解小学班级突发事件的概念与特点。
2. 了解小学班级突发事件的主要类型。
3. 理解小学班级突发事件发生的原因。
4. 熟悉小学班级突发事件预防的方法。
5. 掌握小学班级突发事件处理的方法。

2024年修订的《中华人民共和国突发事件应对法》中指出，突发事件是指突然发生，造成或者可能造成严重社会危害，需要采取应急处置措施予以应对的自然灾害、事故灾难、公共卫生事件和社会安全事件。[1]从学校管理的角度来说，造成班级突发事件的原因既可能是自然灾害、事故灾难、公共卫生事件和社会安全事件，也可能是正常的管理行为、管理规定、心理因素、言语与琐事等。所以，对班级突发事件的定义需要放宽其内涵和外延，包含学生的个体行为、情绪反应、心理变化、外部诱因、相关对象等，而不能仅限于自然灾害、事故灾难、公共卫生和社会安全事件等。班级突发事件处理得当，可以化消极因素为积极因素；处理失当，则会产生诸多不良后果。有效处理班级管理过程中的突发事件不仅是班主任教育机智和经验的展现，也是班主任履职尽责的必然要求，对于班级管理实践中遇到的突发事件，班主任切不可持冷淡态度、漠不关心、听之任之，而应注重探索研究、明晰原因、实事求是地妥善处理。

---

[1] 中华人民共和国突发事件应对法[EB/OL].[2024-06-29].https://www.gov.cn/yaowen/liebiao/202406/content_6960130.htm.

第一节　小学班级突发事件概述

班级管理中经常会出现各种各样的突发事件,班级突发事件一旦发生,轻则干扰正常的课堂教学秩序,重则引发师生、家校之间的矛盾。要成为一名优秀的班级管理者,就必须了解班级常见的突发事件及形成原因,并能妥善处理突发事件。如果处理不当,不仅会造成教师的威信下降和班级管理的困难,也会给学生的身心发展带来较大的负面影响。因此作为一名班主任,需要掌握突发事件的处理方法,将不利的影响降到最低。

一、小学班级突发事件的概念

在班级管理中,常常会遇到学生吵架、斗殴、丢失、偷窃、逃学、辍学等始料不及的现象,这些突然发生的具有不良影响的事件,具有突发性、危害性等特点,我们称这些事件为班级内的突发事件。在小学班级日常管理中,经常会不可避免地遇到突发事件。突发事件常常是事发突然、始料未及,处理不当则会影响大、危害深,班主任应认真思考如何妥善处理班级突发事件,防止因处理不当而引发的第二次突发事件。

班级突发事件主要是在班级中发生的,且在课下发生的,其影响范围不涉及学校的事件。[1]班级突发事件不同于班级课堂突发事件和学校突发事件。班级课堂突发事件,是指出乎教师意料之外的,干扰课堂教学活动正常进行并有一定危害性的事件。学校突发事件,是指在校园内突然发生的、造成或者可能造成严重社会危害的,影响学生安全和正常生活、学习的事件。本章节主要针对班级突发事件展开分析。

二、小学班级突发事件的特点

作为班主任,我们要清晰地认识到教育对象是充满差异的、不断变化的、发展中的人。生活中遭遇的突发事件不该成为教育的"中断期",而应成为开创新起点的"转折期"。班主任要充分掌握突发事件的突发性、危害性、广泛性、挑战性四大特点,当突发事件发生时才能更好地应对。

(一)突发性

突发性是指不可预见,不在可控制范围内突然发生。特别是小学生自控能力较弱,自我保护能力较差,容易受外部因素的影响和伤害,发生意外事件。小学班级突发事件

---

[1] 李国英.上海市中小学校园突发事件应急管理研究[D].华东政法大学,2018.

的具体情况、小学生的反应能力、事件危害性等往往难以预测,发生的时间、地点、方式、种类以及影响的程度经常使人手足无措、难以应对。如流行性疾病的传染、突发意外的伤害等,这些都是客观存在的事物不断积累,在偶然情况下由一定契机引发的。

(二)危害性

危害性是指给学生、班级、学校、家庭、社会造成有形或无形的伤害。突发事件常常是在毫无防备的情况下突然发生的,会给个人、班级、学校、家庭带来各种有形、无形的伤害,如人员伤亡、教学秩序被打乱以及学校的社会形象受到损害等。小学生作为弱势群体,面对突发性事件时没有能力在危急时刻保护自己,很容易让自己的身心受到伤害。

(三)广泛性

广泛性是指事件发生后一经扩散出去,将在更大范围内造成更广泛的不良影响。任何一名学生身边、任何一个时间点都有可能会发生班级突发事件。因此,班级突发事件广泛存在,并且其带来的影响也具有广泛性。

(四)挑战性

挑战性是指考验班主任的应急能力,事发突然就需要教师能在最短的时间内用最有效的方式应对该突发事件。班级突发事件的发展非常迅速,随着突发事件的发展、演变,它所造成的伤害也会越来越大。因此,班主任需要及时采取措施进行积极应对。再者,学生之间的矛盾冲突会带来愤怒、委屈等情绪,突发疾病或是传染性疾病会带来害怕、恐慌等情绪。

三、小学班级突发事件的主要类型

小学班级突发事件的主要类型有学生之间的分歧、财物丢失、打架斗殴、顶撞教师、厌学辍学、意外伤害、食物中毒及其他安全隐患等突发事件。[1]

(一)学生之间的分歧

小学生由于成长环境的不同,在认知和性格上存在一定的差异,待人接物的方式、处理事情的方式均有差异,这些差异很容易造成学生之间的冲突。而学生之间常容易因为某一句话的理解不同即产生较大的分歧。

---

[1] 张作岭,宋立华.班级管理[M].3版.北京:清华大学出版社,2019:182-184.

(二)财物丢失

小学生注意力的稳定性、分配性正处于形成阶段,在与他人玩耍中容易顾此失彼,造成财物丢失的情况。财物丢失之后,班主任要妥善处理,避免学生之间因为猜忌而产生不信任感。

(三)打架斗殴

小学生的心智尚未发展成熟,很容易情绪冲动,做出过激行为,如在校园内打架斗殴。小学生由于年龄较小,社会经验不足,再加上法律意识淡薄,所以会在学校拉帮结派,并且一遇到事情就开始起哄。除此之外,小学生受争强好胜心态的影响,在学习和生活中容易与其他同学发生矛盾,发生矛盾之后如果不及时进行正确引导,就容易出现打架斗殴的情况。由于小学生好胜心理严重,学生之间发生矛盾后,很少寻找教师帮忙解决,尤其是小学高年级的学生,他们比较喜欢用"自己的方式"解决,等到出现了自己无法解决的事情之后,才会寻求家长和教师的帮助。因此,打架斗殴成了小学班级突发事件中的重点,所以,小学班主任要重点关注打架斗殴事件。

(四)顶撞教师

教师在与学生沟通交流过程中,如果处理学生问题的方式不当,或者当学生正处于情绪偏激的时候,往往容易出现学生顶撞教师的局面。如言语顶撞教师、故意捉弄教师。低年级的学生因为不懂得控制自己的情绪而顶撞教师;高年级的学生因为自我意识比较强而顶撞教师。

(五)厌学辍学

有些学生因为对学习产生了厌倦或厌恶的情绪,从而出现逃避学习的现象。不同年龄阶段的学生都有可能出现厌学情绪,当学生出现厌学情绪时,就需要教师和家长注意,并且协同管理和对学生做出正确的引导。

(六)意外伤害

意外伤害事件又指安全突发事件,多是指学生在学校里追逐打闹过程中发生意外,如脚扭伤、摔伤或者发生踩踏事故等。调查显示,我国小学教育阶段每年大约有六万起意外伤害事件,而摔伤和运动伤害占据了意外伤害事件总量的约65%。从小学生的性格来看,他们比较喜欢打闹,性格比较活泼,再加上安全意识不足,所以在打闹的过程中很容易摔伤、磕伤,也容易在体育(如足球、篮球等)锻炼中意外受伤,跑步时意外摔伤等。安全意识不足、运动技能不熟练等,都是造成意外伤害的主要因素。

因此,在学校里班主任要加强对学生的关注。任课教师要在授课的同时做好安全技能方面的教育,以避免发生意外伤害事件。

(七)食物中毒及其他安全隐患

小学生普遍有爱吃零食的习惯,但很多零食的生产环境不佳,所以我们经常能看到小学生吃完零食拉肚子的情况,甚至有一些黑心商家生产不合格的产品,导致小学生吃完零食后食物中毒的现象,这是小学生成长道路上的安全隐患,同时也是小学班主任在班级管理工作中必须应对的突发事件。班主任教师在班级管理中要将有可能发生的突发事件提前做好教育引导,以此来降低小学生突发事件出现的概率,从而保障小学生的健康成长。

四、小学班级突发事件发生的原因

班级突发事件发生的原因是多方面的,我们可以简单归纳为以下三点:学生自身因素、教师引导因素和环境因素。

(一)学生自身因素

有的学生由于身心发展与普通学生相比存在差异,容易出现一些异常行为。大部分突发事件是由学生的心理因素造成的,主要体现在以下两点。

1.与小学生年龄特征相伴的心理矛盾

小学生生理上的急剧变化,引起他们心理上的急剧变化。小学生具有强烈的好奇心和求知欲,敏感性和偏激性兼具,认知上的特点是使小学生容易走向偏激和固执,甚至走向极端。校园中经常出现因为意见有分歧而发生的各种冲突,也有一些因为对事情的看法得不到他人的理解而自毁的现象。在情感方面,小学生的自我调控能力比较弱,意志的自觉性和独立性也比较低,正处于不断地发展中。遇到事情发生时容易感情用事,受别人引诱,上当受骗,动怒、争吵甚至打架。

2.寻求关注

寻求关注是人类的天性。小学生自我意识的发展随着年级的升高,已由低水平向高水平发展,但发展速度在各个年级是不相等的,呈现出低年级上升、中年级平稳、高年级又加速发展的状况。小学生的自我意识越强,寻求他人关注的意识也就越强,他们会通过各种各样的方式吸引别人的注意力。有的学生通过优秀的学业成绩引起大家对他的关注,而有的学生则通过如才艺表演等方式获取大家的关注。

(二)教师引导因素

1.教师的学生观错误

有的教师不能平等地对待所有学生,差异地对待学习成绩好的学生和后进生。如果戴着有色眼镜对待后进生、家庭困难生、品德不好的学生,这会伤害学生的自尊心、自信心,让学生产生消极的自我概念和自我评价,导致学生出现抑郁、自卑等消极心理,学生在心理极度失衡时就更容易引起突发事件。

2.教师的管理方式不当

教师的管理方式不当主要表面在要么独断专行,要么放任自流。独断专行表现为教师处理问题简单粗暴、缺乏理性,注重高压和惩罚,只强调严格要求而抛弃了严格的根本前提及对学生人格的尊重。独断专行的管理方法使追求独立和自由的学生感到压抑和安全感缺失,或与教师冲突,或逃避班级,或撒谎,或造成潜在的心理问题等突然爆发。放任自流表现为教师对学习困难、升学无望、又有不良习惯、不服从管教、影响班级成绩、家长不配合或放弃升学的学生采取漠视的态度,只要这些学生在学校、班级不发生恶性事件,不干扰班级教学就不管不问,任由其所为。现实生活中存在很多因为班主任的管理方式过于简单粗暴、缺乏理性,不尊重学生的人格,侵犯学生的权利,导致学生负气出走或者自毁的例子。

3.教师教学的偏差

教师教学准备不充分,教学目标与学生的认知水平不适应;教学方法和学生的学习方式不匹配;教学内容枯燥,缺乏逻辑性;学习任务单调,缺乏变化和挑战性;教学手段单一;教师表达能力差,教学缺乏活力,都容易导致教师在学生心目中的威信降低,从而导致突发事件的发生。教师的威信是影响问题行为产生与否的一个重要因素,教师在学生心目中的威信越高,学生越不容易产生问题行为;相反,教师在学生心目中的威信越低,学生越容易产生问题行为,也越难控制,而有些问题行为如打架、斗殴、吵架等本身就是一种突发事件。

4.教师教育观念的偏差

很多班主任认为突发事件出现的概率极低,因此,没有重视突发事件的应对,也没有将应对方法纳入教学中。无论是在课程中还是在班会活动中,都是以提高学生的学习成绩为核心开展教学,忽视了突发事件是小学生成长道路中极大的安全隐患。如果班主任没有引起重视则很容易导致小学生出现意外事件,当班上学生出现突发的安全事故后,又不知道如何解决,则容易引发更严重的不良后果。

(三)环境因素

1. 家庭教育不当

家庭是孩子的第一所学校,家长是孩子的第一任教师,孩子在家庭中受到潜移默化的影响。良好的家庭对孩子的成长和发展起着促进作用,而糟糕的家庭对孩子的发展只会起到阻碍作用,引起种种问题,间接导致班级突发事件的发生。

(1)家庭教育观念存在误区。有的家长认为孩子是自己的,可以随便打骂,不尊重孩子的主体人格。他们认为孩子学习成绩好,其他方面不用管理和教育自然也会好,从而忽略了孩子道德和心理的发展。在家庭教育目标上重智轻德,只关心孩子能否考高分,而对引导孩子如何做人,怎样富有爱心和责任心则丝毫不关心。

(2)家庭教养方式存在偏差。家庭教育方式常表现为三种:溺爱型、专制型、教育不一致型。溺爱型是指家长对孩子过度溺爱,无原则地宽容,对孩子百依百顺,百般迁就,过分姑息。教养方法只运用赞许和表扬,从不批评和惩罚,导致孩子以自我为中心,形成骄横、霸道、自私、任性、目空一切、脆弱、无能、神经质等性格和作风,有的孩子甚至失去了基本的生活自理能力;专制型是指家长是家庭的绝对权威者,任何事情都不考虑孩子的想法,总是把自己的想法强加给孩子,不允许孩子有任何的反对意见,要求孩子绝对地服从,结果培养出来的孩子不是唯唯诺诺,就是极度叛逆。教育不一致型是指家长一方管教、一方袒护,一方严厉、一方慈爱,教育要求不一致,导致孩子无所适从,在这种教育不一致型家庭成长的孩子往往顽皮,我行我素不听管教,对外界刺激麻木、冷漠,对任何事情无动于衷,成为难以管教的孩子。

(3)家庭环境不理想。家庭结构存在缺陷,如离异家庭、单亲家庭、留守儿童家庭等。家庭生活方式、人际关系不正常。尤其是家庭中父母离异或跟孩子特别亲近的人突然离世,对孩子的心理和行为都有不同程度的影响。

2. 社会环境的影响

社会在学生成长中,担任一个重要的角色,我们常说社会是一个大染缸,在一定程度上不无道理。当前社会中的各种信息,通过多种数字媒体大量涌入学校,学生的知识总量中有一半左右是通过学校以外的大众媒体获得的。大众媒体传播的信息,并非都是积极的、正向的,也有很多诸如暴力、凶杀,追求感官刺激等庸俗的、商业性的、低级趣味的内容。很多媒体为了博取眼球效应,在发布的信息中,添加大量的庸俗元素,一些短视频平台屡屡曝出误导未成年人以及和社会价值相悖的内容。完全没有考虑到对学生的精神污染,这也是学生早恋问题比比皆是的一个原因。

3.学校环境的影响

(1)教学理念的影响。有的学校教学理念以学习成绩为重,忽视学生其他能力的发展与培养,容易让学习成绩较差的学生或者成绩下滑的学生产生严重的心理负担,如果教师没有及时发现并加以正确的引导,很容易导致学生对学习产生厌烦的态度。因此,学校的教学方式与教学理念应以学生的发展为主,避免学生的消极心态影响其学习,从而引发班级突发事件。

(2)缺乏必要的心理干预。班级突发事件不仅会给学生带来身体上的伤害,也会给他们心理和精神上带来极大的、严重的伤害,进而使学生的思维方式、情感表现、价值取向、生活信念以及对生命价值的看法等发生变化,甚至有一些学生表现出严重的心理问题。对于心理干预,我国校园普遍存在一些重要问题,如校园心理工作者数量少,校园心理咨询工作者业务水平低,开展心理干预的形式过于单一且缺乏长效机制等。

第二节 小学班级突发事件的预防与处理

任何行为的背后都有原因,班级中的突发事件背后也有原因可循。因此,当班级内发生了突发事件,班主任应找到突发事件的当事人,第一时间全面地了解整件事情的经过。只有找到学生出现不良行为的原因,才能对症下药,采取恰当的干预措施。突发事件的处理方式很多,要具体问题具体分析,并且还要根据学生的性格特点采用行之有效的方式,切勿头脑发热、感情用事或者急于表态。对于班级中的突发事件,处理得当可以让学生从本次突发事件中有所觉悟,并减少今后问题行为的发生;处理不当则有可能引发第二次突发事件。因此,班级突发事件的处理过程既考验班主任处理问题的能力,也考验班主任的教育智慧。

一、小学班级突发事件的预防

(一)课堂教学中融入安全教育,做到居安思危

课堂是学生获取知识的主要场所,所以,在课堂教学中,班主任要注重加强对学生的安全教育。首先,让学生知道可能发生突发事件的因素和种类,并且传授学生应对突发事件的方式和方法,这样可以有效减少突发事件发生的概率。如打架斗殴事件带来的危害,平时可能发生的安全事件,像食物中毒、交通事故、学校内摔伤、磕伤

等,都可以在课堂教学中进行讲解。其次,通过在教学中加强安全教育来提高学生的安全意识,使学生做到居安思危,在日常生活中、学习中、运动中避免意外伤害和突发事件的发生,既是落实安全教育的体现,也是保障学生健康成长的重要途径。最后,班主任要善于发现突发事件中隐含的教育价值,将突发事件作为一种重要的教育资源,用积极的心态采取随机应变、以静制动的灵活教育方法,将班级突发事件的教育价值最大化地发挥出来。

(二)班主任要提高自身的安全意识,承担自身责任

班级管理中突发事件的发生不可避免,而且种类繁多、千差万别、层出不穷。因此,小学班主任必须尽量认识和理解当前所存在的班级突发事件,然后根据其特点进行分类,分析其危害性和引发原因,只有这样才能在思想上引起足够的重视。突发事件的发生,大多是由学生引发的,这类突发事件主要是由学生自身的不良行为习惯引发的。如班级有一名学生意外摔倒,部分学生大声嘲笑,引发学生之间打架。在此过程中,班主任要提高自身的安全意识,提高自身应对突发事件的能力和技能。当应对摔伤事件的时候,在医务知识方面,班主任要提高自己基本的相关急救措施等。在日常饮食方面,班主任要提醒学生减少食用垃圾食品,多食用健康、卫生的食物,避免出现食物中毒现象或者是闹肚子的情况,同时,班主任也要掌握食物中毒的救护措施。在体育课上,体育老师要引导学生做好热身运动,避免出现肌肉拉伤、摔伤的现象,也要提高体育老师的救护能力等。教师掌握应对技能,提高自身的救护能力,并且在日常教学中加强安全教育,这样才能有效避免突发事件的发生,同时也要做好突发事件的应对,为小学生的健康成长保驾护航。

(三)开展安全教育演习,提高教师和学生应对突发事件的能力

为了有效应对突发事件,班主任要加强开展突发事件的应对演习,通过演习来提高应对突发事件的能力,并且让学生养成居安思危的意识,从而有效地降低突发事件的发生概率。如组织火灾演习,通过演习让学生知道火灾带来的危害,一方面可以提高学生应对突发火灾的能力,另一方面可以提高学生的安全意识和消防意识。这都是小学生在成长道路上需要具备的技能。当然,除了火灾演习外,班主任还可以组织学生进行地震演习。

案例 6-1

小学班级突发事件应急疏散演练活动方案

第一步,确定指导思想。以班级突发事件为例,确定培养学生掌握正确的逃生要领,从容应对突发事件的发生,最大限度地保护师生的人身安全是此次活动的指导思想。

第二步,确定演练时间、地点和人员。

第三步,确定演练流程。

1. 活动准备

演练前,让学生熟悉突发事件应急逃生的正确方法,阐述突发事件应急演练的重要意义,讲明演练的程序、内容、时间和纪律要求,疏散的路线和到达的安全区域。同时强调,演练是预防性、模拟性练习,旨在提高防范意识,掌握逃生方法。相关人员在演练前对疏散路线必经之处和到达的安全区域进行实地仔细检查,对存在的问题及时进行整改,消除障碍和隐患,确保路线畅通和安全。

2. 紧急疏散流程

第一声哨声后,各负责教师迅速到达指定负责区域。

第二声警报铃声响后,全部学生双手抱头,有秩序地在教师的带领下从前门撤离教室。要按照预先规定的紧急疏散路线,快速有序地撤离。教师走在最后,并仔细检查是否有遗漏的学生。

第三声哨声后,警报解除,整队、报数,向班主任报告人数。

演练结束后,教师有秩序地将本班学生带回教室。

3. 注意事项

(1)必须按疏散路线迅速疏散,不要争先恐后,避免出现碰撞、拥挤、踩踏等现象。

(2)遇到灾情,千万不要跳楼。

(3)疏散过程中,双手抱头,有序撤离。

(4)疏散途中要尽量避开建筑物和电线。

(5)学生到达安全区域后,继续双手抱头蹲下,直至警报解除。

(四)培养小学生良好的道德品质

核心素养教学理念下,小学生道德品质教育愈发得到重视。同时,道德品质教育的有效开展可以大幅度提升应对突发事件的能力。因为道德品质教育中包含了团队的合作精神,学生之间的互助、友爱精神等,当发生突发事件的时候,同学之间可以相互帮助、相互鼓励,并且激励学生应对突发事件的信心。

二、小学班级突发事件的处理原则

突发事件的处理原则是经验的总结,而掌握好突发事件的处理原则也是做好班级管理工作的基础。小学班级突发事件的处理原则主要有以下六点。

(一)以生为本原则

学生是独立的个体,作为班主任无论是在教学中还是在处理学生问题时,都应注意学生是一个独立的个体。正确认识学生的主体地位,在处理突发事件时特别要承认学生独立的人格和尊严,切勿对学生进行人身攻击,伤害学生的自尊心,应该要调动学生的主动性、积极性和创造性,让他们积极地参与到突发事件的处理中来。

(二)教育性原则

班主任在处理突发事件时要坚持说服教育,以理服人,注意摆事实、讲道理,避免老一套的说教方式,要力求语言通俗、生动、幽默、形象、富有情趣。遇到突发事件时,要从教育入手、以教育为主,本着教育从严、处理从宽、化解矛盾、教育全班的精神,不能对学生采取"一棍子打死"的做法。对一般性的突发事件,甚至有些影响较大的突发事件,通过教育,当事者已经对问题有了深刻的认识,并在行为上有改正的表现,就不要给予纪律处分。对于性质很严重、影响很坏的突发事件,在教育的基础上,给予一定的纪律处分是必要的,但处分不宜过重,公开处分也要注意范围恰当,对受处分的学生还要不断进行帮助,引导学生改正不良行为。将学生出现的问题在全班公开指出,可以避免其他学生犯相同的错误,但如果学生的错误不宜公开,班主任要学会隐秘处理,适当地尊重学生的隐私和面子,对犯错的学生来说也是一种教育。

(三)针对性原则

具体问题具体分析,即根据突发事件发生的原因、危害性、学生的性格特点和性别差异采取不同的处理方法。如同学之间打架,如果有明显以强欺弱的同学,则应该严厉批评;如果是被欺负后还手的同学,则应教育他采用正确的、恰当的方式解决问题;如果是为了替弱小的同学打抱不平,则应肯定学生乐于助人的行为,同时教育学生注意方式方法,且作为一名学生应该遵守的行为规范。另外,根据学生的性格特点有针对性地采取措施,对性格外向的同学可以开门见山、直截了当地正面批评;对于性格内向的同学可以逐渐引导,避免加重其心理负担。

(四)公正性原则

班主任在处理突发事件时,对待当事者,不论其是谁,学习成绩好坏,是否为班干部,都要公正对待,就事论事,不能偏袒任何一方。让学生真正体会到公平。如果是教师自己与学生产生矛盾,出现冲突时,教师也要自我反思,思考自己是否有不恰当的言论或行为,导致学生出现不良行为,做到有则改之,无则加勉。

(五)启发性原则

班级突发事件的处理,非常考验班主任的机智和处理问题的能力。在处理过程中,不仅要解决好突发事件本身,还要注意引导学生积极向上,形成对班上其他学生的教育作用。并且在解决突发事件时,班主任还可以留有一定的空间,引导学生进行自我反思,调动学生的自我认识能力,让他们充分认识到自己所犯错误的严重性。

(六)协调性原则

突发事件的发生由多方面因素构成,部分原因是受家庭环境的影响,家长的教育观念、家长的教养方式、家庭成员的结构变化等都会影响学生。学生出现不良行为后,如果是受家庭环境的影响,教师应与家长进行第一时间的沟通,要求家长全力配合教师教育学生。只有家校合作,有一致的目标,统一各方面的教育力量,才能更好地引导学生。

三、小学班级突发事件的处理方法

(一)沉着冷静面对

当班级中发生突发事件时,作为班主任不能慌乱,应该沉着、冷静地思考突发事件的严重性。如果是非常紧急,危及学生生命安全的,应立即拨打120等相关紧急求救电话,并且上报事件情况至上一级主管领导;如果是班级同学之间的嬉戏打闹,并没有构成严重的人身安全伤害,则可以采用冷处理或者说服法处理进行应对。

(二)机智果断应对

当班级中发生突发事件时,班主任应尽可能地平息事端,让事件当事人冷静,为思考进一步解决问题的方法提供时间。对于班级中一般性的突发事件,班主任应该将所学的理论知识,与前面提到的突发事件处理原则结合起来,综合当下的事件本身与学生的性格,采用较为机智的处理方式。

(三)公平民主处理

当处理学生之间的矛盾冲突时,班主任应以事实为依据,要有民主意识,不能偏袒班干部和学习成绩优异的学生,更不能故意贬低后进生、家庭困难生等。

(四)善于总结引导

将每一次班级突发事件的处理,看作是一次了解班级情况,并且教育引导学生的机会。善于从突发事件中找出学生的闪光点,帮助学生分析问题,寻找解决问题的办法,维护学生的自尊心。

》案例 6-2

××小学校班级突发事件处理流程

1. 学生无故不到校、逃课或突发身体不适

应及时与家长沟通,了解原因,排除隐患,并对学生进行后期观察。针对学生身体不适,班主任还应向家长核实学生是否到家及其病情恢复情况。

2. 学生携带违禁物品入校

班主任应首先制定好班级班规,如果发现学生携带手机等电子产品、烟、打火机、管制刀具等物品,应及时与当事学生及其家长沟通,寻找原因,并与家长合力处理。此后,班主任还应多关注当事学生的学习动态和课堂表现情况。

3. 学生顶撞教师

具体情况有学生公开反对教师的建议,对抗教师的批评,当面批判教师的错误,指责教师对问题判断的失误,责备教师处理问题的不公平等。班主任应通过与当事学生交谈了解情况,及时安抚学生的情绪,对学生的不恰当言行给予指正,并在班级中说明该事件的始末,避免今后出现类似顶撞教师的事件。

4. 学生之间打架斗殴

具体表现为班与班之间的矛盾斗争,班内学生矛盾激化形成的吵闹事件,也有校外因素参与校内学生之间的打斗事件等。一旦发生打架斗殴事件,班主任应第一时间到场,先隔离开当事学生,查看学生是否受伤(如有受伤应及时送医或拨打120等救助电话;如未受伤则分别向当事学生了解事件的发生缘由),然后与家长沟通,达成处理意见。此后,为避免类似的不良行为再次发生,班主任可在班级中强调班规,并持续关注打架斗殴事件中当事学生的后续情况。

5.处理突发事件的注意事项

(1)班主任要保持冷静,沉着应对,迅速做出判断,果断决定处置方案。

(2)在处理过程中要注意,不管突发事件发生在谁身上,班主任都要充分调查,了解事情的真相,公平公正地处理问题。抓住教育学生的契机,把对个别学生的教育处理看成一次对全班同学引导教育的契机,提升学生的思想境界,推动班级管理工作进一步发展。

(3)班主任要掌握好分寸,以对学生的高度责任感,在班级管理工作实践中勤于思考、不断摸索、积累经验、逐步具备分寸感。

(4)班主任要适当运用幽默的处理方式来解决突发事件,不仅是为了调节情绪、缓解冲突,班主任在谈笑中阐述自己的主张和观点,给学生以善意的批评和上进的力量,会收到事半功倍的效果。

思考练习

一、名词解释题

突发事件　突发事件管理　突发事件预防　突发事件处理

二、简答题

1.小学班级突发事件的特点有哪些?

2.小学班级突发事件的类型有哪些?

3.小学班级突发事件预防的方法有哪些?

4.小学班级突发事件处理的原则有哪些?

5.小学班级突发事件处理的方法有哪些?

三、实践探究题

1.实际调研小学某班级,梳理其常见的突发事件。

2.结合实际调研经历,设计一份小学某班级突发事件处理预案。

第七章　小学班级教育力量管理

>> 学习目标

1. 了解小学班级教育力量的来源。
2. 理解小学班级教育力量管理的概念与原则。
3. 理解与熟悉小学班主任与校内教育力量沟通协调的内容。
4. 掌握与运用小学班主任与校内教育力量沟通协调的方式。
5. 理解与熟悉小学班主任与校外教育力量沟通协调的内容。
6. 掌握与运用小学班主任与校外教育力量沟通协调的方式。

小学生年龄小。自控能力和自律能力薄弱,道德认知方面具有依赖性,心智又尚未成熟,因此,受外界影响的可能性较大。另外,社会教育的多元化、虚拟化、网络化等发展趋势给小学生的社会性发展带来很大冲击,也给小学班级的管理工作带来极大挑战。班主任作为小学班级管理工作的主导者,在纷繁复杂、千头万绪的班级管理工作中应捋清影响小学生成长的各种因素,有效整合、管理各种教育力量来为小学生的健康成长保驾护航,而班级教育力量管理则成为班级管理工作的重要方面。

第一节 小学班级教育力量管理概述

班级作为影响小学生成长的独特环境,它的独特性在于这种环境中存在着各种影响小学生成长的教育因素,如校内的任课教师、同学,校外的家长、社区等。认识并协调这些因素并形成教育合力是班主任工作的重要任务。

2009年,教育部发布的《中小学班主任工作规定》中明确指出,班主任应经常与任课教师和其他教职员工沟通,主动与学生家长、学生所在社区联系,努力形成教育合力。因此,有效管理小学班级相关的教育力量,不仅是班主任工作的重要任务,也是班主任所应具备的专业能力。

一、小学班级教育力量管理的概念

班级教育力量管理是指将学校、家庭、社会中的各种教育资源、力量进行整合、管理,形成相互联系、相互协调、方向一致、有机统一的教育合力,促进小学生的身心健康发展。[1]班级教育合力不是各种教育力量的简单叠加,而是班主任引导各种教育资源、教育力量聚焦同一目标相互协调配合,实现时空上密切衔接、作用上互促互补并能发挥整体效应的教育力量。

管理班级教育力量是班主任的工作职责之一,小学生的学习与发展离不开学校、家庭和社会等环境因素的影响,班主任作为小学生在学校的主要责任人,有效整合学校、家庭和社会等方面的教育力量有助于优化学生的学习环境。同时,管理班级教育力量也是班主任职业劳动特殊性的要求。在小学班级管理实践中,班主任个体的力量是有限的,只有通过整合引导更多的教育力量参与到班级管理中来,相互配合、群策群力,才能更有效地把班级建设好。

二、小学班级教育力量的构成

班主任作为班级教育力量管理的主导者、实施者,需要明晰影响小学生学习与发展的各种教育力量,辨析各种教育力量间的相互联系,这是有效管理班级教育力量的前提条件。小学班级教育力量主要包括校内教育力量和校外教育力量两方面。

---

[1] 李江.小学班级管理[M].杭州:浙江大学出版社,2014:184.

(一)校内教育力量

1.任课教师

课堂作为班级的一种存在方式,课堂教学中任课教师是课堂组织的直接领导者,是课堂上的班级管理者。任课教师对课堂进行管理是班级管理的重要内容,小学教育教学实践中不同的课程由不同的教师担任,任课教师会成为班级中影响小学生成长与发展的力量。班主任作为班级的主导者,应该主动邀请和联系任课教师共同进行班级管理,增强班级组织的教育与管理力量。

2.学校领导与工勤人员

班级管理作为学校管理工作的组成内容之一,学校领导是学校管理工作的主要责任人,班主任应该协调好班级成员与学校领导之间的关系,正确理解学校领导的集体决策,主动向学校领导汇报自己的工作进展与困惑,与学校领导达成相互理解、信任、支持的工作关系。同时,小学生在学校经常会与辅导教师、医务人员、保安、食堂员工等人员接触并受其教育影响,班主任应教育引导学生尊重学校所有的工作人员,理解与支持其工作的开展,协调好他们对学生教育工作的配合与支持。

3.班集体与学生

班集体是指按照班级授课制的培养目标与教育规范组织起来的,以共同学习活动和直接人际交往为特征的社会心理共同体。班集体对班级内所有成员的认知、学习、能力、人格等方面都会产生重要的影响,建设班集体并发挥班集体的教育作用是班主任的核心工作。班主任应整合学校、家庭、社会的教育影响,建设好班集体,达到"不管"而"管",运用班集体的力量引导每一名学生健康成长。

学生作为班级管理的对象,不仅是教育的主体和班级管理的主体,也是自我教育者和自我管理者。在班级管理实践中,一方面,需要班主任关注每名学生对其他班级成员产生的影响;另一方面,需要班主任重视每名学生自我教育意识能力的培育和引导。[1]班主任不仅要教育学生建立积极、和谐、互助的同伴关系,优化其学习、交往的人际环境,还要引导促进学生自我教育和自我管理能力的形成与发展。

(二)校外教育力量

1.家庭环境

家庭是小学生成长的第一所学校,父母是家庭的管理者,有什么样的家长就会教

---

[1] 李学农.班级管理[M].3版.北京:高等教育出版社,2018:232.

出什么样的孩子,父母的知识经验、言行、生活习惯、情绪等都会对孩子的认知、性格、品行等产生潜移默化的影响。班主任要与家长多沟通和协调,在信息交流的基础上形成"班"与"家"教育和管理的合力,引导家长根据班级管理的要求来实施与改进家庭教育,配合与支持班级管理工作。

2. 社区环境

社区作为人们社会交往的组织空间和地理活动区域,是影响小学生健康成长的重要外部因素。相比学校教育,社区教育以其广泛性、多样性和即时性弥补了班级集体教学的缺陷。班主任应在学校的指导下,主动与社区教育委员会、街道办、居委会等社区组织联系,充分利用社区内的各类教育资源、科普资源等开展校外教育活动、志愿活动和实践活动,为班级管理注入新的活力。

3. 重要他人

重要他人是指在个体社会化、心理人格形成过程中发挥重要作用的具体人物。重要他人可能是长辈、兄弟姐妹,也可能是教师、同学、路人等,其表现出的"榜样"行为会对小学生的认知、行为、人格等产生双重影响。[1]班主任应主动了解影响小学生日常学习的重要他人,发掘重要他人的教育资源,教育学生辨析重要他人行为的积极影响和消极影响。见贤思齐,学习重要他人行为的积极因素;长善救失,纠正个体认识与行为发展过程中存在的缺陷与不足,促进个体身心素质的和谐健康发展。

4. 大众传媒

大众传媒是指所有用以向广大受众传递各种信息的技术手段,包括网络、报纸、杂志、广播、电视等。[2]大众传媒的信息来源和传播途径、传播方式日益多样化和复杂化,给小学生班级管理工作带来双重影响。班主任要教育学生发挥大众传媒的积极作用,克服消极影响,培养其一定的媒介素养;同时,班主任自身也要转变信息意识与能力,增强班级管理工作在内容上的时代感,实现大众传媒的班级管理功能。

三、小学班级教育力量管理的原则

小学班级教育力量管理涉及多元主体,班主任在班级教育力量管理过程中会涉及与多元主体的交往实践,如学生、任课教师、家长、社区工作人员等。无论面对什么样的主体,班主任都需要掌握班级教育力量管理的基本原则。

---

[1] 李江.小学班级管理[M].杭州:浙江大学出版社,2014:189.
[2] 段作章,刘月芳.德育与班级管理[M].南京:南京大学出版社,2014:223.

(一)目标性原则

目标性原则是指班主任从系统性和整体性出发,分析班级管理工作涉及的各种教育力量因素和条件,考虑这些因素和条件的相互关系、作用,构建班级教育力量的有机体。

首先,明晰班级教育力量管理的目标,确定班级教育力量管理的出发点,归纳班级教育力量管理方法、路径、操作程序与评价机制等;其次,辨析班级管理涉及的各种校内、校外教育力量,分析各种教育力量间的相互关系、作用,并对各种教育力量实施计划、组织、协调、控制等操作;最后,评价班级教育力量管理的成效,肯定班级教育力量管理成绩的同时也要正确看待存在的问题,落实班级教育力量管理后续改进的方向与重点等。

(二)理解性原则

理解性原则是指班主任在班级教育力量管理过程中应尊重他人,理解他人,不做有损他人人格、隐私、权益的事情,建立良好的社交关系,助力彼此达成教育合作。

首先,善于立足于他人角度,推己及人,欣赏和接纳他人,不能嘲笑他人的缺点与不足,不能到处宣扬他人的弱点与缺陷,与班级教育力量相关者建立和谐、良好的人际关系,为与其深入合作奠定基础;其次,善于倾听与沟通,尊重与理解任课教师、家长、小学生等意见,掌握和运用与其沟通的方式与技巧,针对教育力量整合与管理交换彼此双方的意见与想法,探寻双方在小学生成长与发展上的利益共同点,努力实现双方的友好合作,以期达成共同教育学生的目的。

(三)合作性原则

合作性原则是指班主任在班级教育力量管理过程中,应与利益相关方加强沟通交流,在对小学生教育影响的方向、内容、作用上实现协调一致,合作共赢。

首先,协调好与任课教师、其他工勤人员的关系,充分尊重和支持任课教师的工作,处理好与他人、教师集体的关系;其次,以集体主义、团队协作的精神构建教师协同育人共同体,共同研究与解决学生班级管理过程中的疑难问题;最后,协调好与学生家长、社区组织的关系,调动学生家长参与班级管理的积极性,主动参与社区组织的教育活动,为小学生的成长创造良好的育人环境。

四、小学班级教育力量管理的途径

班级教育力量主要来自学生生活中相关的教育资源、条件等,关注与研究小学生现实生活中的各种影响因素,则成为小学班级教育力量管理的重要途径。[①]

(一)关注与研究小学生校内生活,整合校内教育力量

1.关注与研究小学生的课堂生活,整合课堂教育力量

课堂是班级组织的重要存在方式,小学每一科目的课堂教学都会影响整体的班级组织活动。课堂教学一般由任课教师负责组织进行,任课教师作为课堂教学的班级管理者,保障课堂教学与班级组织生活在方向和作用上的一致性是课堂教学、班集体建设成功的前提。班主任应主动与任课教师沟通交流,关注并了解学生的课堂生活表现,研究与发现其在课堂生活中的个性特征与需求,使任课教师、学生集体与个体等影响其学习的各方因素形成合力,达成对校内教育力量的有效管理。

2.关注与研究小学生的学校生活,沟通校内各种管理力量

学校生活是学生生活的主要部分,是学生智能、品行、道德等生长与发展的直接场域。班级是学校的基层组织,班级管理是在学校生活环境中进行的。班主任在班级管理实践中应将小学生班级生活主动融入学校生活,关注其在学校生活环境中的具体表现,与学校领导、相关部门教师多沟通、勤交流,主动汇报班级管理工作动态,倾诉班级管理困惑等,协调与学校领导、相关部门教师的工作关系,引导与促进校内各种教育力量,保证其对小学生成长影响的一致性与持续性。

3.关注与研究小学生的集体生活,形成自我管理的力量

班级中的集体生活是所有学生共同的生活,对于学生的社会化、个性化发展均具有重要作用。传统的小学班级管理较多采用了教师中心"保姆式"的管理模式,班主任习惯"发号施令",而学生很少有自主支配的权利。"保姆式"的管理模式忽视了学生的主体性,阻碍了学生自主、自治、自理等自我管理能力的形成。班主任需要关注小学生在集体生活中的个性特征与具体表现,提高其参与班级民主管理的积极性,激发其自我管理的内在动机,培养与提升其自我管理的意识与能力。

---

① 李江.小学班级管理[M].杭州:浙江大学出版社,2014:184.

(二)关注与研究小学生校外生活,整合校外教育力量

1.关注与研究小学生的家庭生活,整合家庭教育力量

家庭生活是小学生接触最早、最朴素、影响最持久的教育力量。学生在校外的生活主要是在家庭中进行,另外,学生在学校班级生活中的很多内容也需要在家庭生活中延续。小学生在学校班级中习得的生活方式是有价值和制度化的生活方式,对引导与促进其健康成长具有重要作用。家庭生活与学校班级生活在方向、内容、作用等方面保持一致,有助于巩固强化学生在校习得生活方式的影响,反之则会弱化甚至抵消其影响。班主任要及时关注与了解学生的家庭生活状况,研究判断影响其家庭生活的相关因素,引导其家庭生活与班级生活协调互补,有效整合家庭的教育力量。

2.关注与研究小学生的社区生活,整合社区教育力量

社区集中了社会贤达、社区公仆、专家学者等人力资源和一定的物质与环境资源,整合与开发社区教育力量并通过社区活动来培养学生的社会责任感,对锻炼其组织协调能力,提升其生存生活能力,形成合理的智能结构非常重要。班主任应关注学生在社区生活的具体表现,研究影响学生成长的社区因素,引导与发挥社区的教育功能,有效发掘社区内的各种教育资源,动员社会各界的力量,形成学校与社区协同育人机制,构建小学生课堂生活与课外生活的良性生态,从而引导与促进小学生全面的、健康的身心发展。

3.关注与研究小学生的日常生活,整合社会教育力量

日常生活是指学生个体平时经常进行的各种活动,涉及学习、休闲、娱乐等,影响个体的生活方式、行为习惯、道德品行、身心健康等。小学生的日常生活难免会受重要他人、大众传媒等社会因素的影响。班主任应关注小学生的日常生活表现,发掘学生认同的榜样行为并研究其主要特征,教育学生向先进人物和典型事迹学习,形成正确的价值观。同时,指导学生合理使用大众传媒介质,引导学生形成一定的爱好和特长,与家长一起共同预防学生网络成瘾和手机依赖等不良行为,提升个体自我控制力,消除网络、手机等媒介对学生日常生活的不利影响,增强其自身的媒介素养。

第二节　小学校内教育力量的管理

小学班级管理实践中,班级组织的管理者并非班主任一人,实际上涉及一个管理团队。这个团队由学校领导、任课教师、班主任、学生集体、班干部和学生等校内教育力量共同组成。班主任不仅直接领导与管理整个班级组织,还通过沟通协调校内教育力量来进行班级管理。

一、小学班主任与班集体、学生的沟通协调

(一)小学班主任与班集体、学生沟通协调的内容

1.协调班集体中的个体关系

(1)协调好学生个体间的关系。班主任指导与引领学生之间相互尊重、相互理解、相互关心、相互帮助,不能因为相貌、身高、家境等鄙视学生,不能因为学习成绩不良、学习条件落后等歧视学生,教育和引导学生真诚交往、以心换心、消除误会、增加了解、消除歧视、增进互信,为学生的发展创设和谐的同伴关系。

(2)协调好学生个体与集体的关系。班主任指导学生正确理解个体与集体的关系,明晰个体在集体发展过程中的角色与作用,引导其积极参与集体活动,与同伴交往互助,增强学生个体的集体荣誉感和责任感。同时,班主任应指导班集体建设,指引学生确立班集体的奋斗目标和个人目标,并将奋斗目标转化为持续不断的个体实践,助力班集体和学生个体发展。

(3)协调好班主任与学生个体的关系。班主任应全面了解班级所有学生,发现每一名学生的闪光点和潜能,建立学生个体成长档案,尊重学生的尊严和个性,关注学生的差异与学习需要,并有针对性地给予集体或个体指导,引导学生健康成长。同时,引导学生了解班主任工作,理解与支持班级管理工作,与学生建立民主、平等、和谐的师生关系,促进班级管理工作的开展。

2.协调班集体中的群体关系

在班集体的人际关系网中,存在着学生正式和非正式两种群体。对于正式群体,如学习小组、学生社团等,班主任应根据学生的学习目标与需要、兴趣爱好、个性差异等实际情况来组建,并依据需要随时调整。指导学生明晰正式群体的学习目标,探究并掌握科学的学习策略与方法,并能为群体与个体的目标而努力奋斗,从而形成人人都参与、人人都获益的正式群体。对于非正式群体,班主任应给予关注与指导,并适

时加以利用,引导非正式群体和正式群体融为一体,非正式群体的思想、行为等要与班集体的整体要求保持高度一致。

(二)小学班主任与班集体、学生沟通协调的方式

1. 建立班级管理制度

建立班级管理制度可以引领班级管理工作有序化、规范化和科学化地开展。班主任可以带领学生一起依据学校教育目标和班级实际情况来制定班级管理制度,明晰班级管理具体工作,如教室卫生、学生考勤、班级财务、学生文明礼仪等方面的基本要求。推进班级民主管理,发挥学生自治、自我管理的积极性,增强学生对班级的责任意识、荣誉意识等,激发学生在班级管理过程中的主体作用,促使学生积极、主动地参与班级管理工作。

2. 开展班级组织活动

小学阶段是学生长身体、学知识、明道理、践品行的重要时期,组织开展丰富多彩的班级活动对于促进他们身心的健康发展,加强班集体的建设具有重要意义。小学班级活动内容涉及德育活动、学习活动、科技活动、体育活动、文学艺术活动和社会公益劳动等。[1]班主任针对活动的组织、方式、流程与注意事项给予及时指导,指导学生开展主题新颖、教育性强、方案可行的班级活动,一方面缓解学生学习压力,促进其社会交往的发展和良好个性的养成;另一方面促进班集体的形成、巩固与发展。

3. 营造班级文化

班级文化是指班主任和学生在班级建设发展过程中创造出来的物质财富和精神财富。班级文化具有隐性的教育功能,一旦形成就会产生巨大的教育力量,引领与加速班集体的发展。营造班级文化需要借助学生的智慧、才能、素质、汗水等,需要班主任的整体规划与引领,以及班主任和学生进行深入的沟通协商等。创建积极向上的班级文化可以使班级成为学生成长的乐土,助力他们在素质、人格、才能等方面的全面发展。

---

[1] 李明敏,李渭侠.班级管理原理和方法[M].北京:中国社会科学出版社,2017:91-93.

二、小学班主任与任课教师的沟通协调

(一)小学班主任与任课教师沟通协调的内容

1.指导任课教师的课堂管理

(1)管理理念的指导。管理理念是指对班级管理工作的根本看法。任课教师的管理理念在很大程度上决定了课堂教学的管理成效,有什么样的管理理念,就会有什么样的课堂管理。课堂管理是任课教师为了达成教学目标而协调、控制课堂中的各种教学因素及其关系,与学生以教学内容为中介展开的人际交往实践。学生既是课堂管理的对象,也是课堂管理的主体,任课教师在课堂管理过程中应秉持科学民主的管理观,激发学生自主管理的能动性,培养学生自我管理的意识与能力,促进课堂教学中教师管理与学生自我管理的交融统一。

(2)管理目标的指导。管理目标是对管理活动结果的预设,是管理活动的出发点,影响班级管理的方向与进展。课堂管理作为班级管理不可分割的组成部分,其管理成效在很大程度上影响班级管理的整体质量。班主任应引导任课教师立足班级管理工作全局,基于班级管理的整体目标来细化课堂管理的具体目标和要求,明晰课堂教学管理计划与方案,引领课堂管理目标、内容、功能与班级管理保持一致,助力班级管理整体目标的实现。

(3)管理方法的指导。正确的课堂管理方法是对课堂实施有效管理的必要条件,有些任课教师由于工作年限短、工作经验不足等,其课堂管理的专业素养可能相对不足,不知道如何开展课堂管理,这就需要班主任给予课堂管理方法的指导。班主任应指导任课教师通过理解学生的学习需要、了解学生的个性特征、理解班级文化等,来引领学生形成积极向上的学习态度,端正良好的学习习惯,达到课堂管理实践中师生交往的最佳状态。

(4)管理行为的指导。任课教师课堂管理理念、目标、方法的差异必然导致其课堂管理行为的差异,形成不同的管理风格。同一个班级面对不同的管理风格会出现适应困难,进而导致行为上的混乱。班主任需要和任课教师沟通协调,引导其在课堂管理风格上形成一致。

2.协调课堂管理者间的关系

(1)协调好任课教师与学生的关系。一方面,班主任需要帮助任课教师深入了解学生的个性特征、学习需要等,对学生出现的不良行为进行分析与研究,为任课教师

把握学生的个性差异,设计与改进教学提供指导;另一方面,班主任需要经常向任课教师、学生了解课堂教学方面的情况,及时将学生的意见、想法、建议等传达给任课教师,提高任课教师教学与学生学习的动力。

(2)协调好任课教师间的关系。课堂教学活动多由任课教师负责组织进行,每一个科目教学活动开展时,其班级管理者实际上都是任课教师。一方面,班主任应协调好所有任课教师间的关系,通过班级协调会、座谈会等方式促进任课教师间相互理解,增进信任,使每一位任课教师在教学实践中的课堂管理目标与班级管理整体目标保持一致;另一方面,班主任需要协调好自身与任课教师的关系,引导任课教师参与班级组织活动,增进任课教师对班主任工作、班集体、班级成员的了解,进一步理解与支持班级管理工作。

(二)小学班主任与任课教师沟通协调的方式

1. 开协调会

开协调会的目的在于引导班主任与任课教师等统一班级管理的思想认识,协调具体的班级管理行为,互通班级管理的工作信息,促进相互理解与支持,确保班级管理目标的达成。[①] 通过协调会可以深入了解班级成员的学习、思想、行为等变化状况,探讨学生在校生活表现的一般特征,明晰班级管理中需要共同解决的问题,分析问题症状的影响因素,探讨问题解决的具体对策,互通课堂教学管理动态,探讨课堂班级管理的方式、措施与路径等。

协调会的实施流程:班主任召集全体任课教师开会协商,共同确认建立协调会制度;班主任做好每一次协调会的准备工作,确定开会时间、地点和主题,提前沟通各任课教师来确定参会者;每一次开展协调会时注意把握会议时长,把控好会议流程与内容,有效地提高协调会质量;注意协调会的组织频次,不要加重任课教师的工作负担;做好协调会的会议记录,如有必要做好录音录像资料保存,便于后续管理和研究工作之用。

2. 组织教研活动

组织教研活动的目的在于协调班主任与任课教师以班级管理中亟待解决的共性问题为研究对象而开展的以校为本的实践性研究活动,探究班级管理中存在问题的解决对策,并通过后续行动来助力班级管理工作的持续改进。通过教研活动,反思班级管理实践中遇到的疑难问题,梳理问题的现状表征、构成要素与影响因素;探讨聚

---

① 李学农.班级管理[M].3版.北京:高等教育出版社,2018:214-215.

焦班级管理实践中的共性问题,剖析问题研究的可行性、价值性等,进而深入分析,形成值得研究的课题;探讨班级管理实践中共性问题的解决思路、方法与措施等,形成具体的解决方案。

教研活动的实施流程:班主任联系所有任课教师确定每一次教研活动的主题,并确定教研活动的开展时间、地点、形式、流程、参与者等;开展教研活动时注意把控活动时长、活动进展;做好教研活动的具体记录,如有必要做好录音录像资料保存,便于后续管理和研究工作之用。

3.个别沟通

除了与任课教师集体沟通协调外,班主任还要根据班级管理需要与任课教师进行个别沟通。针对班级管理理念、目标、方式、行为等展开沟通衔接,引导其参与班级组织活动,深入了解学生的个性特征与学习需要等,与每一位任课教师在管理理念、管理目标、管理风格等方面达成一致,共同合作进行课堂管理。

(三)与任课教师沟通协调的注意事项

班主任要秉持平和谦逊的心态,端正与任课教师交往共事的态度,过于争强好胜或哗众取宠可能会导致任课教师的反感。与任课教师沟通一定要真诚、真心,不能"居高临下"地"发号施令",应针对学生的管理问题展开平等、真诚的对话。

班主任要引导与邀请任课教师参加班级活动。班级组织活动有了任课教师的参与,学生会感受到教师的重视,也会让学生感受到教师之间团结和谐的气氛,拉近学生与任课教师的心理距离。亲其师,才会信其道,才能更好地完成课堂教学任务。

班主任要树立任课教师在学生中的威信,教师的威信会对班级学生产生凝聚力、吸引力和影响力。班主任更要努力维护任课教师的声誉,让学生感受到任课教师的关心,引导学生产生对任课教师的敬畏感等。

班主任要积极采纳任课教师的意见、想法和建议。在班级建设、集体活动、家校联系等方面征求和倾听任课教师的意见,引导任课教师积极参与班级事务,增强班级管理的力量。

案例 7-1

钟老师给科任老师立威[1]

钟老师经常会在学生面前郑重地表达:在我面前撒泼,没问题;在任课老师面前撒泼,门儿都没有! 咱们班的任课老师,每一位都是知识渊博、业务精湛的教学能手! 他们来自全国各地,性格不同、风格各异,但对工作的热情,对学生的热爱都是一样的! 上学期的期末评教,有学生问钟老师,可以给某某老师评C等吗? 钟老师回答,原则上当然可以,这是你的权利,我坚决捍卫! 不过,我很想知道,你为什么要给这位老师评C等呢?

钟老师为什么要这么问呢? 据钟老师观察,这位老师的工作态度以及教学能力获个A等也没问题,为何学生要给她打C等呢? 学生倒是很诚实,毫不隐瞒地对钟老师说,我觉得这位老师偏心,对其他班比对咱班好! 钟老师问他,你不在其他班,你凭什么觉得这位老师对其他班好,对咱班不好呢? 我实话告诉你,教学处评价该老师的教学业绩,是针对她任教的所有班级,她干吗要区别对待呢? 这不是害她自己吗? 如果她真的在感情上区别对待了,那也不是她的问题,而是学生的问题! 随后钟老师在班上特别细述了该教师对自己班学生的关爱。比如每天早早来教室督促大家交作业,大家一进步就请大家吃美食,每个周末都提醒大家背书打卡。每一件事学生们都亲历过,只是他们都忽略了。待钟老师说完,学生们对这位教师肃然起敬,评教等级一下就上去了。钟老师特别申明,自己绝没有夸大事实,而是有理有据。每一件事钟老师都能说出时间、地点、缘由。只是学生不善于观察,没有用心体会,忽略了任课教师的好。

三、小学班主任与学校领导、部门的沟通协调

(一)树立尊重和服从意识,做好与学校领导的沟通

首先,班主任要认真理解并执行领导的决策,若领导的决策是正确的,结合班级实际情况贯彻落实;若对领导的决策有意见,可以与领导及时沟通,交换意见并达成共识后再执行,不要散布不负责任的言论,不要带着负面情绪工作。领导有困难或工作失误时,应主动帮助领导排忧解难、化解矛盾。

---

[1] 潘苏文.教育合力:班主任与科任教师的和谐相处的八大策略[EB/OL].[2022-06-19]https://js.ohedu.cn/www/article/detail/4814791083991040.do.

其次，班主任工作要按照领导分管系统、工作性质等向分管领导请示汇报，一般不要越级请示或者汇报工作，以避免造成不必要的误会和麻烦。同时，汇报工作应注意方式、方法和技巧等，如汇报内容要重点突出、逻辑清晰；先讲结论，再具体说明；重要的汇报最好提前多做演练，熟练掌握汇报时间、语言和逻辑框架；如果汇报内容还不具体明确，最好整理好内容后再根据情况汇报。

再次，班主任在工作过程中应加强与领导的交流沟通，多换位思考，立足从领导的角度去思考工作问题，领会领导对班级工作的任务与要求。同时，把班级管理工作有关的意见、建议与要求(包括来自学生的)反映给相关领导，实现信息沟通的顺畅与有效。此外，班主任应定期梳理自己的班级管理工作，反思自己的班级管理工作与学校管理整体工作的方向、思想是否融合，并就班级管理工作改进适时提出合理性建议，争取得到领导最大程度的支持。

最后，班主任在工作过程中要讲原则、讲正气、守底线、守纪律，端正个人工作动机，明晰班级管理目标。要一视同仁地对待所有领导，不要从个人目的或私利出发去搞关系，不要根据领导权力大小而区别对待，更不要为了讨好某个领导而随意贬低其他领导。在和学校领导的沟通过程中一定要立足班级管理工作的初心，聚焦班级工作所涉及的人际关系协调工作，助力小学生的健康成长。

(二)形成大局意识和集体意识，做好与各部门的沟通

首先，班主任在工作过程中要有大局意识。班主任工作往往面对的是一个班级，考虑问题多从班级工作的实际需要出发，而对学校工作全局的情况缺乏了解和掌握，考虑问题角度的限制难免导致其在工作中产生矛盾或者冲突，如差异学生的分班搭配、任课教师的安排、学校各类活动的评比等都会涉及班级利益，可能会产生某些"吃亏"或"不合理"等现象。这就需要班主任立足于学校工作全局的角度来考虑问题，不能讲小团体和利己主义，应懂得取舍进退、分清矛盾主次、明晰利益长短，以宽广的胸襟、包容的态度去理解和支持领导及各部门的决定与安排的工作任务，力求班级管理工作与学校总体工作在思想和行动上保持高度一致。

其次，班主任在工作过程中要有集体意识。班级管理工作烦琐细小，往往一个任务刚完成，新的任务又来了，况且工作任务涉及学校相关部门。这就需要班主任树立集体意识，学会处理并合理安排各部门分配的工作，不能在与学校各部门交往时阳奉阴违、表里不一，影响学生整体工作进展。

最后，班级管理工作过程中涉及的同事具有工作交往的长期性，彼此间难免为班级管理产生摩擦冲突，这就需要班主任讲团结、讲奉献、多沟通、多理解，即使短时间

内不能理解也一定要先执行工作,之后再沟通,不能对工作消极怠慢、玩忽职守,更不能煽动学生制造事端。小学班级管理是对未成年人的教育管理工作,其工作性质、特殊性决定了班主任不能意气用事,不能任性乱为,否则对小学生的身心发展会产生不利,甚至不可逆的负面影响。班级管理工作过程中,对学校各部门安排的工作任务一定要在沟通理解的基础上完成,发挥好与学校领导、各部门的桥梁纽带作用。

第三节　小学校外教育力量的管理

小学生个体的发展是先天禀赋和后天环境、个体实践综合作用的结果。在影响个体成长的环境因素中,学校教育是引导小学生身心发展的主导因素。除此之外,家庭环境、社区环境等也都是影响小学生身心发展的必要条件。班主任应该沟通协调好家庭、社区等校外教育力量来优化学生的成长环境。

一、小学班主任与家长的沟通协调

(一)小学班主任与家长沟通协调的内容

班主任与家长通过沟通协调,一方面,家长可以了解孩子在班级的具体表现,根据班级教育的要求实施家庭教育;另一方面,班主任可以了解学生在家庭的表现情况,指导与帮助家长更好地教育学生。班主任与家长沟通的内容实质上是交换学生在家庭和班级的信息,并通过信息的交流来协调家庭教育和学校教育,实现方向一致、作用互补,增强班级管理的教育力量。班主任进行家庭教育指导是家校沟通的重要内容,教育部办公厅关于学习宣传贯彻《中华人民共和国家庭教育促进法》的通知中明确指出,要推动学校将家庭教育指导服务纳入学校工作计划……提高教师开展家庭教育的能力和水平,这为小学教师开展家庭教育指导工作明晰了方向与要求。

1.指导家长的教育理念,形成科学的家庭教育观

教育理念是教育主体对教育活动理性认识的结果,是对教育本质、教育对象等的根本看法。班主任指导家长的教育理念,首先,指导家长提高对家庭教育的认识。具体来讲引导家长提高家庭教育重要性的认识,增强家长作为家庭教育第一责任人的意识。重视自身言行对孩子潜移默化的影响,言传身教,教子教己。关注孩子能力、品行、人格等的全面发展,善于发现孩子的闪光点,重视孩子的心理抚养,尊重和保护孩子的人格与尊严,杜绝任何形式的家庭暴力。给予孩子选择的权利,重视良好习惯

的养成与教育，培养孩子自主、自理、自立的意识与能力。

其次，指导家长理解家庭教育的本质、功能。引导家长正确理解家庭教育的本质，家庭教育作为个体成长的奠基性教育，其本质在于培养人，根本任务在于立德树人，最终目的在于培养德智体美劳全面发展的人才。家庭教育意义重大，具有其他类型教育不可代替的功能。家庭教育是个体身心健康成长的基本条件，是家庭幸福和睦的基本保障，是国民教育体系的重要组成部分，对个体发展、家庭发展、社会发展等都具有重要作用。

最后，指导家长全面认识孩子。学龄儿童作为发展中的人，家长需全面了解学龄儿童的身心发展特点、个性特征与学习需要，小学阶段的儿童身高和体重增长迅速，但感知能力不够完善，思维仍以具体形象思维为主，这就需要家长注重儿童养育的方法，改进亲子沟通质量和家庭环境的营造，引导其感知、记忆、思维等能力的发展，促进其认知、情感、人格、品行的和谐发展。

2.指导家长的教育方式，提升家庭教育的有效性

教育方式是教育者为实现目的而采用的教育策略、途径与方法等，科学、正确的教育方式是提升家庭教育有效性的基本保障。根据《中华人民共和国家庭教育促进法》和《全国家庭教育指导大纲》，小学学龄儿童家庭教育常用方法有亲自养育、共同参与、相机而教、潜移默化、严慈相济、尊重差异、平等交流等，具体来讲：

亲自养育，加强亲子陪伴。落实家长监护人的责任，全过程、全方位参与孩子的养护、监管，保驾护航其健康成长；每天至少花30分钟陪伴孩子，全身心投入和孩子的游戏、阅读等活动；发现孩子的闪光点，多给予孩子鼓励和支持。

共同参与，发挥父母双方的作用。母亲是孩子成长过程中情感的供养者、生活习惯和性格品质的培养者、人际交往的示范者，父亲需要发挥在孩子成长过程中的示范作用、平衡作用与权威作用。父母在孩子的培养目标上要保持一致，教育方法上要扬长避短。

相机而教，寓教于日常生活之中。相机就是寻找教育效果最好的时机，给予及时恰当的教育引导。如当孩子学业中失意时，家长应指导其正确的归因；当孩子学习行为取得进步时，家长应给予恰当的鼓励；当孩子面临挑战时，家长应给予鼓励和支持等

潜移默化，言传与身教相结合。注重家长的榜样示范，父母需要以身作则，和家庭成员一起构建相互理解、和睦共处的生活氛围，以自己积极健康的生活态度，热爱生活和积极上进的心态，孝敬长辈、承担责任、热爱学习的实际行动来引导孩子的思想与行为发展。

严慈相济,关心爱护与严格要求并重。家长不仅要确立家庭制度规范,引导孩子承担家庭责任,知道自己在家庭中的地位和价值,而且还要端正思想观念,树立正确的儿童观和教育观,亲近、关心和理解孩子,增强亲子陪伴质量,减少隔代教育等。

尊重差异,根据年龄和个性特点进行科学引导。家长要理解孩子个体间的差异,遵循孩子身心成长的基本规律,根据孩子的个性特点合理确定对孩子的培养目标,注重孩子的习惯养成、兴趣培养、同伴交往,理解孩子言行背后的需要,培养孩子的独立性和创造性等。

平等交流,予以尊重、理解和鼓励。家长在亲子交流中应多爱护关怀孩子,信任与鼓励孩子,设身处地为孩子着想,耐心倾听孩子的表达,满足其合理需求;亲子沟通中杜绝重物质轻情感、无条件服从、随心所欲打骂孩子等不良行为。

3.指导家长的教育行为,增强家校合作的合力

家长的教育行为是在教育理念、教育方式等综合作用下的外在表现,影响家校合作育人的效果。根据《中华人民共和国家庭教育促进法》和《全国家庭教育指导大纲》,班主任指导家长的教育行为主要包括健康教育、生命教育、自理能力教育、劳动教育、感恩教育和学习习惯养成教育等,具体来讲:

指导家长做好孩子的健康教育。指导家长引导孩子养成健康的饮食习惯、良好的卫生习惯、作息习惯及用眼习惯,积极开展体育锻炼,增强自身体质。

指导家长做好孩子的生命教育。指导家长引导孩子建立热爱生命、珍惜生命、呵护生命的意识,增强孩子居家出行的自我保护意识及基本的生命自救技能。

指导家长培养孩子的自理能力教育。指导家长注重孩子生活自理意识的培养,提高孩子的生活自理能力,养成生活自理的好习惯。

指导家长培养孩子的劳动教育。指导家长教授孩子一定的劳动技巧,培养孩子参与劳动、尊重劳动者的意识与习惯,鼓励孩子参与家庭财务预算,合理支配零用钱,形成量入为出的观念和理财的意识。

指导家长做好孩子的感恩教育。指导家长引领孩子学会感恩父母、诚实为人、诚信做事,为孩子树立积极的人格榜样。引导孩子尊敬教师、孝敬长辈,学会关心、感激和回报他人。

指导家长做好孩子的学习习惯养成教育。指导家长以身作则、言传身教、身正为范,引导孩子专心学习,养成良好的学习习惯和兴趣。

(二)小学班主任与家长沟通协调的方式

1.举办家长学校

家长学校是学校(或相关机构)为提升家长的教育素养而创设的有目的、有组织地向承担抚养子女任务的父母(或未来父母)进行教育和训练的教育机构。举办家长学校的目的在于帮助家长掌握教育孩子的理念、方法,更好地协助学校开展教育教学活动。家长学校可以组织专题讲座式、家长会议式、经验交流式、传媒教育式、社区网点式、教课教育式等活动来引导家长提升教育素养。[1]

家长学校的组织与运作包含以下内容:首先,建立组织机构,明确机构职责,设立家长学校领导机构,明确家长学校的工作目标、计划、工作重点等,保障家长学校工作的顺利进行[2];其次,建立并完善各项规章制度,如建立家长学校授课制度,完善学校校外机构设置,加强家长学校管理,引导相关人员各负其责、各尽其能,减少家长学校工作的随意性和盲目性;最后,根据学校、家长的实际情况安排适当的学习内容,明晰家长参与学校学习的活动途径,如定期开展讲座、教育教学活动开放日、育儿经验交流会等。[3]班主任是家长学校的中坚力量,不仅需要全面参与家长学校工作,参与学校活动计划的制订与落实,而且还需要主持以班级为单位的家长学校活动,针对性地对家长开展一些转变教育观念、掌握教育方法、沟通育人经验、解答教育困惑、提高家长教育素养等具体活动。[4]

2.组织家长访校

家长访校不仅可以引导家长了解孩子的教育环境,认识孩子的学习氛围,熟悉孩子的学习表现等,而且也可以为教师和家长提供全面、便捷、经济的交流平台。家长访校可以通过家长会、学校开放日活动、参与学生活动等形式来落实。

(1)召开家长会。家长会是由学校组织,面向学生、家长、教师的交流、介绍性的会议或活动,是家庭教育和学校教育直接联系并形成教育合力的重要方式。班主任、任课教师和家长在家长会上交流班级教育情况,互通班级和家庭中有关的教育信息并形成教育共识。[5]班主任可以根据学生的具体情况与各年级的教育任务,设计与组织形式多样的家长会,如报告式家长会、交流式家长会、展览式家长会、表演式家长会和会诊式家长会等。[6]

---

[1] 刘岩,王萍.班主任与班级管理[M].北京:北京师范大学出版社,2013:266-268.
[2] 杨建华.班级管理学[M].西安:陕西师范大学出版总社有限公司,2012:189-190.
[3] 段作章,刘月芳.德育与班级管理[M].南京:南京大学出版社,2014:212.
[4] 李学农.班级管理[M].3版.北京:高等教育出版社,2018:225.
[5] 李学农.班级管理[M].3版.北京:高等教育出版社,2018:225.
[6] 段作章,刘月芳.德育与班级管理[M].南京:南京大学出版社,2014:212.

家长会的组织与实施包含以下内容：首先，做好召开家长会的准备，确定会议目的和内容，印发开会通知，收集学生家长意见并确定需要通过沟通解决的问题等；其次，围绕会议主题，开诚布公地与家长展开交流，涉及汇报教育教学工作，介绍学生个体发展情况，介绍学校对学生的管理要求，与家长共同商讨教育改进措施对策等；最后，做好家长会的记录与总结，随时记下家长提出的意见并分类汇总，仔细分析家长会记录材料，以便进一步改进家长会工作。[1]

（2）开展学校开放日活动。学校开放日活动，一方面，可以引导家长全面了解孩子的学习生活，感知与体验学校生活，增进对学校管理工作的理解与支持；另一方面，引导班主任、任课教师、学校领导等与家长进行沟通交流，及时了解家长的诉求与意见，主动回应家长的关切与需求，增强家校合作育人的合力。

（3）参与学生活动。邀请家长观看学生文艺演出、节庆活动、学生作品展、学生体育比赛等。一方面，可以展示学校的办学成果、育人成效，提高学校的声誉度；另一方面，可以让家长了解孩子和学校的管理情况，增进家校彼此间的信任度。

3.开展家访

家访是由学校组织，班主任与教师等深入学生家庭与家长进行的个别交流，是沟通协调班级教育和家庭教育必不可少的手段。班主任通过家访不仅可以与家长深入沟通，还可以亲自观察孩子的学习环境、家庭氛围，并能有目的、有意识地影响和指导学生的家庭教育。家访可以通过面访（面对面交流）、电访（电话沟通联系）和书访（书信沟通联系）等形式开展。根据家访的目的可以分为了解性家访、鼓励性家访、探望性家访、开导性家访、防治性家访等类型。[2]

家访的组织与实施包含以下内容：首先，做好家访的准备工作，制订好家访计划，约定好访问时间，准备好有关学生表现、家庭情况的材料，准备好家访谈话的主题等。与此同时，注意选择合适的家访时机，如学生思想或学业有进步时，学生思想或学习下降时，学生获得某种荣誉或表扬时，学生病休在家时，学生发生意外事故或遭遇灾难时等；[3]其次，实施家访，在交谈过程中注意言谈举止、仪态仪表，不要偏离主题，避免沟通流于形式等，家访过程中班主任应该注意自身安全，尽量请同事或熟悉的家长同行；最后，做好家访记录与总结，并持续追踪家访后学生在家庭、学校的变化情况，便于同家长的后续沟通。

---

[1] 张作岭,宋立华.班级管理[M].3版.北京:清华大学出版社,2019:219-220.
[2] 段作章,刘月芳.德育与班级管理[M].南京:南京大学出版社,2014:213.
[3] 段作章,刘月芳.德育与班级管理[M].南京:南京大学出版社,2014:213.

4.协助家长委员会

家长委员会是由本校学生家长代表组成,代表全体家长参与学校民主管理,支持和监督学校做好教育工作的群众性自治组织,是学校联系广大学生家长的桥梁和纽带。家长委员会的组织模式一般包括学校家委会、年级家委会、班级家委会三级机制,其中班级家委会是开展活动的基本单位。

班主任应组织与建立好班级家委会,指导与协助家委会工作。首先,组建家委会组织机构,注意把握家委会成员的构成条件,考虑组成人员的先进性和代表性。其次,明晰家委会职责,落实家委会成员分工,构建家委会运作与管理制度。最后,指导与协助家委会做好日常工作,如制订家委会工作计划,听取班级管理工作情况,召开家长会议,反馈家长意见建议,配合做好班级管理工作等。

5.书面沟通

书面沟通是以书面文字为媒介的沟通方式,班主任与家长进行书面沟通的形式多样,如告家长书、家长联系卡、家校联系本、学生素质报告单、学生品行表现联系单、家长意见表等。通过这些途径,一方面,可以让家长全面了解孩子在校的具体表现,增进班主任、学生和家长间的联系;另一方面,学校也可以通过这种方式收集家长的反馈信息,持续改进学校的班级管理工作。如班主任可以运用"给家长一封信"和家长沟通学生的班级生活情况,让忙碌的家长对孩子在学校的生活有一个概括的认识,了解在孩子成长过程中家长所应承担的职责和意义。[1]与家长进行书面沟通的方式虽然比较传统,但不失为一种有效的沟通方式。它不仅能让家长感知到家校沟通的正式感,也有利于家校沟通材料、档案的留存。另外书面沟通尤其适合现代通信手段缺乏或者落后的地方。

6.现代通信沟通方式

现代通信技术(尤其是网络)的迅猛发展也在改变着班主任与家长的沟通方式。小学班级管理实践中,家校沟通已普遍使用基于网络的微信群、QQ群、家校通、电子邮件、博客等途径。虽然现代通信沟通方式为家校互动带来极大便捷,但必须指出它无法代替传统家校沟通方式(如家长会、家访等),影响家校互动的深度与质量。首先,这些现代通信技术手段不能进行持久性交谈,只能针对出现的问题传递信息,不能针对某一问题进行深入探讨,影响班主任和家长交流的深度和广度。其次,在使用这些技术工具过程中,常由于双方不能正确理解对方语义表达的真正含义而引发歧

---

[1] 张作岭,宋立华.班级管理[M].3版.北京:清华大学出版社,2019:224.

义或误会,使得交流不能顺畅进行。①此外,现代通信手段使用过程中必须注意伦理问题,如学生及家长个人信息的保护问题,手机或网络可能造成潜在的成瘾问题等。

总之,班主任与家长的沟通协调方式灵活多样,班主任需要根据班级管理、家长实际情况选择适宜的、可操作的沟通方式,从而加强家校之间的联系,提高家长对班主任、学校的信任度,引领与护航学生的健康成长。

二、小学班主任与社区的沟通协调

迈克尔·富兰在《变革的力量》中相继指出,学校的改革变化要适应社会的发展,教师要寻找与他人合作的机会,认识到自己是构建学习型社会的一部分。学校必须积极深入到周围环境,与外界建立相互的共生关系。②小学班主任作为班级管理的领导者、实施者与协调者,班级管理工作的顺利开展需要加强与社区的沟通协调,并与社区建立共生共长关系。班主任与社区的沟通协调需要走进社区,理解社区的教育意义,实现社区角色的转换。③

(一)走进与认识社区,发掘社区的教育资源

首先,社区是宏观社会的缩影,是同一区域内具有共同意识、利益的社会集体。社区的构成一般包含三个必不可少的要素:地理要素(相对固定的区域)、经济要素(经济生活)和社会要素(共同生活中的认同意识与相同的价值观念)。④班主任要走进与认识社区,就需要正确把握社会的本质与共同要素,探寻学校教育与社区合作在地理、经济、社会等方面的共性,聚焦班级管理与社区合作的必要性与可行性,剖析班级管理从目标到过程与社区的深入联系,反思班级管理与社区合作的内容与路径等。

其次,社区的教育资源是指学生社区教育中各种资源的总称。一般包括社区人力资源、社区物质与环境资源和社区文化资源等。社区人力资源是指社区内的人所具备的能力,社区中可开发的人力资源主要有社区领导、社区公仆、企业界人士、专家学者和各行各业的工作人员等。社区物质与环境资源是指社区内乡土文化资源,社区内的设施、设备以及社区内的山、水、动植物等。⑤社区文化资源是指在一定区域内的特定文化现象,主要包括社区居民的信仰、价值观念、行为规范等,并通过一定的行为和态度等表现出来。班主任应主动关注学校所在社区资源的类型与特点,分析社

---

① 刘岩,王萍.班主任与班级管理[M].北京:北京师范大学出版社,2013:269-270.
② 富兰.变革的力量:续集[M].中央教育科学研究所,加拿大多伦多国际学院组织,译.北京:教育科学出版社,2004:55.
③ 齐学红.班级管理[M].北京:北京师范大学出版社,2015:21.
④ 齐学红.班级管理[M].北京:北京师范大学出版社,2015:18.
⑤ 段作章,刘月芳.德育与班级管理[M].南京:南京大学出版社,2014:221.

区各类资源的教育价值,探索社区资源开发与利用的途径与策略,依托社区资源因地制宜地开展活动,提高社区资源的利用率。

(二)理解社区的教育意义,积极参与社区教育服务

我国社区有专门协助学校开展青少年儿童教育的机构——社区教育委员会。社区教育委员会在构建学校、家庭、社会结合的教育网络,提高社区居民精神文化素质等方面发挥着重要作用。社区中蕴含的各类资源均具有重要的生命教育、公民教育、道德教育和创造教育意义。班主任应以社区教育委员会为依托,加强同学校所在社区的沟通、联系与协调,充分发挥社区中各类资源的教育价值,积极参与、指导与改进社区教育服务。

社区教育服务是指在社区中开发、利用各种教育资源,以面向社区成员提供公民素养、诚信教育、人文艺术、科学技术、职业技能、婴幼儿教育、运动健身、养生保健、生活休闲等学习活动为核心的一系列活动与过程。国家市场监督管理总局、中国国家标准化管理委员会发布的《社区教育服务规范(征求意见稿)》中指出,青少年阶段的社区教育服务涉及配合学校开展思想品德教育,利用社区内外各类教育设施开展教育服务活动,开展法治宣传教育活动,开展学生校外活动辅导、培训,开展适合学生兴趣爱好与文化素养等方面的培训活动。社区教育活动是班主任与社区教育协调的主要途径,班主任应主动参与社区教育活动,立足于小学生身心特点与学习需要,针对社区教育活动目标、内容给予专家咨询,为活动设计、实施、效果评价等提供技术指导与经验支持,和社区教育机构一起改进教育服务,提升社区教育服务供给能力与质量。

(三)有效运用重要他人教育力量,不断优化社区环境氛围

小学生的"三观"尚未成型,仍处于混沌无序的状态,容易受生活中成就型偶像、生活型偶像和个性化偶像等重要他人影响。班主任在班级管理中需要有效运用重要他人,引导小学生心理由混沌无序向稳定有序的状态转变。[1]首先,运用同辈同行进行比较,在同一年龄层次和同一领域树立小学生学习的榜样,引起学生的关注与认同,如邀请各类具有代表性的校友与学生座谈,加强校友与在校生的沟通,引导小学生向优秀校友学习看齐。其次,运用励志典型人物引领小学生认清偶像,发掘励志典型人物的先进事迹与社会意义,引导小学生认真学习励志人物的人格精神,见贤思齐、择善而从,减少向重要他人学习的盲目性和随意性,并树立正确的偶像观来激励自己不断奋进。同时,良好的社区环境是小学生健康成长的重要保证。优化小学生

---

[1] 李江.小学班级管理[M].杭州:浙江大学出版社,2014:205—206.

成长的社区环境主要包含以下几方面。

首先,班主任主动联系学校与社区相关人员,协助社区净化环境,如联系相关部门打击黑网吧、游戏机室,整治学校门口"三无"产品和不文明交通行为,改善校园附近脏乱差的卫生环境。

其次,引领与指导创办社区宣传橱窗、读报栏、板报、横幅等,宣传社会文明风尚,提高居民的思想道德素质,引导开展健康向上的社区群众文娱活动,如社区书画比赛、摄影比赛、社区文艺汇演、亲子互动竞赛等,助力孩子在良好的社区氛围中生活与成长。

最后,依托社区开展社会实践活动,如与妇联、关工委等有关组织,少年宫、文化馆、图书馆、科技馆等文化教育机构,部队、科研院所等有关单位建立共建共教关系[①],引导学生在社会实践活动中增加知识、增长才干、健全人格。

思考练习

一、名词解释题

班级教育力量管理　重要他人　日常生活　非正式群体　教育理念　家长学校

二、简答题

1. 小学班级教育力量的主要来源是什么?
2. 小学班级教育力量管理的原则有哪些?
3. 小学班主任与班集体、学生沟通协调的内容有哪些?
4. 小学班主任与班集体、学生沟通协调的方式有哪些?
5. 小学班主任与任课教师沟通协调的方式有哪些?
6. 小学班主任与家长沟通协调的内容有哪些?
7. 小学班主任与家长沟通协调的方式有哪些?

三、实践探究题

1. 结合实践学习经历,针对小学某班级的学风建设,设计一份由班主任和各任课教师参与的教研活动方案。
2. 结合实践学习经历,设计一份班主任开展家访工作的活动方案。

---

① 杨建华.班级管理学[M].西安:陕西师范大学出版社总社有限公司,2012:193.

第八章 中队辅导员工作

>> 学习目标

1. 了解少先队发展历程中的重大事件和组织建制。
2. 理解少先队的基本特征和任务,掌握少先队的组织建制。
3. 明晰少先队辅导员的职责,了解小学少先队工作的基本内容。
4. 熟悉与掌握少先队组织教育的基本知识及少先队活动指导的特点、内容和原则。

在我国,小学班级有固定的班级组织,同时,在每个小学班级中还存在着一个平行的政治组织——中国少年先锋队的中队组织。《中国少年先锋队章程》规定:凡是6—14岁的少年儿童,愿意参加少先队,愿意遵守队章,向所在学校少先队组织提出申请,达到入队要求后,经批准,就成为队员。小学的班级不仅是小学教育教学的基层组织,也是少先队教育的基层组织。小学班主任肩负着双重角色,既担任班主任又要担任中队辅导员,受共青团的委托,直接担负着培养少年儿童的任务。小学班主任需要明晰少先队的组织机构、主要任务和中队辅导员的岗位职责,在班级管理实践中履行好中队辅导员职责,努力成为学生锤炼品格的引路人、学生学习知识的引路人、学生创新思维的引路人、学生奉献祖国的引路人。

第一节　中国少年先锋队概述

作为班级组织,小学班级的主要功能是实现教育教学任务,但作为少先队的教育基层组织,主要功能是对小学生进行思想政治教育。所以,小学班主任肩负着双重角色,既担任班主任又要担任中队辅导员,通过各种中队活动对学生进行教育和指导。小学生中队辅导员的角色定位是少先队员最亲密的朋友和指导者,需要从事小学生的思想政治教育、学生日常管理、心理健康以及学生党团建设等方面的工作。

一、少先队的概念

中国少年先锋队简称少先队,是中国共产党委托中国共产主义青年团直接领导的少年儿童的群团组织,是少年儿童学习中国特色社会主义和共产主义的学校,是建设社会主义和共产主义的预备队。少先队的创立者和领导者是中国共产党,它的主要目的和任务是团结教育少年儿童,听党的话,爱祖国、爱人民、爱劳动、爱科学、爱护公共财物,努力学习,锻炼身体,培养能力,立志为建设中国特色社会主义现代化强国贡献力量,努力成长为社会主义现代化建设需要的合格人才,做共产主义事业的接班人。

二、少先队的发展历程[①②]

(一)少先队的萌芽

少先队可以追溯到最早的革命儿童组织叫"劳动童子团",它诞生于中国人民反帝反封建的革命风暴之中。1922年,中国共产党在江西安源组织工人运动时,把安源煤矿的小矿工和工人子弟学校的小学生组织起来,建立起劳动童子团,共同为自由解放而斗争。

1925年11月7日,广州市成立了劳动童子团,当时担任中共广东区委书记的陈延年同志为童子团团员代表戴上第一条象征身份的红领巾。1926年7月,共青团中央第三次扩大会议作出决议,以工厂童工及工人子弟、乡村农民子弟、小学生及街市贫苦儿童作为儿童组织的对象,教育儿童,养成他们勇敢牺牲的精神和团体生活的习惯,训练他们成为将来继续革命的战士。此后不久劳动童子团团章制定出台,团章规定:

---

① 《少先队辞典》编委会.少先队辞典[M].北京:中国广播电视出版社,1992:2.
② 少先队基本知识[EB/OL].https://zgsxd.k618.cn/wjk/.

以养成劳动儿童团体生活的习惯、勇敢牺牲的精神、为劳动阶级服务为宗旨;以红色的领带为团员的标志;以右手五指并拢举到额头为团礼。劳动童子团的口号是"准备着打倒帝国主义!""准备着打倒军阀!""准备着做全世界的主人!"据统计,截至1927年4—5月间,全国各地的劳动童子团团员达到约15万人。他们跟随长辈参加反抗剥削的罢工、反对帝国主义的示威游行,组织开展了张贴革命标语、散发传单、街头演讲、站岗放哨、侦查联络、筹募捐款等大量革命活动。

1927—1936年土地革命战争时期,党在各个革命根据地,为少年儿童建立了"共产儿童团"。1928年7月,共青团第五次全国代表大会上作出的《儿童运动决议案》回顾了过去的工作,《儿童运动决议案》中指出,劳动童子团是团结童工、学徒、工农子弟的一个很好的组织。1930年,共青团五届三中全会决议确定儿童运动的性质是"共产主义儿童运动",其任务是以共产主义精神教育儿童;规定对现有儿童组织进行改组,统一名称为"共产儿童团"。儿童团以红领带为标志;口号是"准备着,时时刻刻准备着!";团礼是五指并拢,高举过头,表示全世界五大洲的无产阶级利益高于个人利益。共青团中央儿童局还创办了儿童刊物《时刻准备着》,指导共产党儿童团的工作。

抗日战争时期,广大少年儿童积极投入到抗日救亡运动之中,在抗日根据地建立起了抗日儿童团。1938年6月,毛泽东同志为《边区儿童报》题词,儿童们起来,学习做一个自由解放的中国国民,学习从日本帝国主义压迫下争取自由解放的方法,把自己变成新时代的主人翁。1938年10月,西北青救会第二次代表大会通过了抗日儿童团的组织章程。团章规定建立儿童团的宗旨是:联合全中国(西北和华北)的小兄弟、小姊妹结成好朋友,大家共同学习、工作和游戏,参加救国工作。儿童团的任务是:宣传大家打日本、侦察敌情捉汉奸、站岗放哨送书信、尊敬抗战官和兵、帮助抗属来做事、学习生产不稍停。儿童团团礼为:右手五指齐额举起,表示中华五大民族的儿童团结起来,打倒日寇汉奸。儿童团口号是"时刻准备着!"在这一时期涌现出了一批又一批的抗日民族小英雄。

在人民解放战争中,解放区的少年队、儿童团和国统区的地下少年队,都能积极参加革命斗争,为祖国的解放事业贡献出了自己的力量。

(二)少先队的创立

1949年,共青团第一次全国代表大会决定建立全国统一的少年儿童组织——中国少年儿童队。1949年10月13日,团中央公布了《关于建立少年儿童队的决议》和《中国少年儿童队章程草案》,决议指出:中国少年儿童队是在中国新民主主义青年团领导下的少年儿童组织,吸收9—15岁的少年儿童参加。这个组织是在学习和各种集体活动中,团结和教育少年儿童,培养他们成为爱祖国、爱人民、爱劳动、爱科学和爱护公共财物的新中国优秀儿女。从此,诞生了一个全国统一的中国少年儿童组织——"中国少年儿童队"。随着中华人民共和国的创建,1949年10月13日也就成为中国少年先锋队的建队纪念日。

1951年11月,《中国少年报》创刊,它是少先队的机关报。1953年6月,共青团第二次全国代表大会一致通过,把"中国少年儿童队"改名为"中国少年先锋队",以更确切地反映中国少年儿童队的性质任务和适应儿童们的愿望,并于1954年6月1日正式公布了《中国少年先锋队队章》。1954年,团中央又创办了指导全国少先队工作的刊物《辅导员》杂志。1966年"文化大革命"开始以后,少先队被所谓"革命性、战斗性的先进少年儿童组织"——红小兵所取代。但红小兵是以劳动人民家庭出身的革命学生为主体,把其他少年儿童排除在组织之外,没有很好地发挥作用。

(三)少先队的发展

1978年10月,经党中央批准,共青团十届一中全会通过了关于恢复"中国少年先锋队"名称的决议。1979年10月,团中央召开了第六次全国少先队工作会议,会议讨论并修改了《中国少年先锋队工作条例(试行草案)》,表彰了149名全国优秀少先队辅导员。这次会议标志着我国少年儿童运动进入了一个新阶段。1980年,共青团中央和全国少工委主管的队刊《中国少年儿童》(原名为中国儿童)诞生。

1984年,中国少先队员、辅导员代表会议在北京召开,会上选举产生了我国第一个少先队的全国领导机构——中国少年先锋队全国工作委员会(简称"全国少工委")。2001年1月,全国性少先队教育刊物《少先队小干部》创刊,并于2003年9月正式成为中国少年先锋队队刊。从此,《中国少年报》《辅导员》《中国少年儿童》《少先队小干部》成为少先队工作重要的宣传阵地,指导各级少先队组织开展工作,并为少先队员和少先队工作者提供了交流的平台。

2005年6月,中国少年先锋队第五次全国代表大会在过去多次修改的基础上,审议通过了更加突出时代特色和儿童特色、进一步体现对少年儿童身心发展规律的《中国少年先锋队章程(修正案)的决议》,会议还选举产生了新一届中国少年先锋队全国工作委员会。其中,第一次增加了31名少先队员作为少年儿童委员。同年7月全国少工委印发《少先队辅导员工作纲要(试行)》,11月印发《全国少工委关于少先队员委员履行职责的办法(试行)》。在全国少工委的直接领导下,在各地基层少先队组织和广大少先队辅导员的积极努力下,少先队组织建设更加规范,少先队活动异彩纷呈。①

三、少先队的基本特征

(一)政治性

少先队是一个具有鲜明政治性的少年儿童组织。党、团、队是革命的一家人,共产党是革命的"先锋队",共青团是革命的"突击队",少先队是革命的"预备队"。少先队的各种标志都饱含着政治意蕴,少先队把共产主义思想教育放在重要位置,并贯穿于全部组织行为中。

(二)儿童性

少先队是少年儿童的群团组织,由6—14岁的儿童组成。而且少先队有一套符合少年儿童年龄特点的组织形式,如:鲜艳的红领巾、队旗等。少先队开展的各项教育活动等,充分体现出少先队尊重和保护少年儿童的天性。

(三)群众性

少先队组织是我国少年儿童中最大的、有组织、有纪律、有共同奋斗目标的群团组织。凡是6—14岁少年儿童,愿意参加少先队,愿意遵守队章,均可向所在学校少先队组织提出申请,达到入队要求后,经批准成为队员。它不是少数"先进"儿童的组织,而是学习先进、学习先锋的少年儿童的群众组织。中国共产党创建少先队的根本目的是团结教育少年儿童,把全体少年儿童都组织起来,让大家都来受教育,为实现共同的革命理想而努力。

(四)教育性

少先队是少年儿童学习中国特色社会主义和共产主义的学校。它通过丰富的少先队活动和少先队组织生活,对少年儿童进行政治启蒙,教育他们具有革命精神,学会过集体生活,理解并献身于共产主义事业,这是建队的根本宗旨。少先队的目的是团结教育少年儿童,听党的话、跟党走,开展"五爱"教育,引导少先队员学习和实践社会主义核心价值观,树立远大理想,立志为建设中国特色社会主义现代化强国贡献力量,努力学习、锻炼身体,成长为能够担当民族复兴大任的时代新人。

---

① 邓艳红.小学班级管理[M].3版.上海:华东师范大学出版社,2022:263.

(五)自主性

少先队各项活动的开展,应由少先队员自主决定。少先队员通过组织的活动行使权利,逐步形成自我管理和自我教育的能力,树立主人翁意识、民主意识,为将来成为社会主义建设的主力军、当好国家未来的主人翁做好准备。

四、少先队的组织建制

(一)领导机构

1.领导者

少先队的领导者是中国共产党。党委托中国共产主义青年团直接领导少先队。

2.全国和地方领导机构

中国少年先锋队全国工作委员会(简称"全国少工委")是全国少先队组织的领导机构,它经每五年召开一次的中国少年先锋队全国代表大会选举产生。

全国各地的各级少先队工作委员会,是各级地方少先队经常性工作的领导机构,由同级少先队代表大会选举产生。全国各地的各级红领巾理事会(少先队队部),是各地方少先队组织的自治机构,由各地各级少代会选举产生。

(二)少先队基层组织

《中国少年先锋队章程》规定:在学校和社区、青少年宫等校外场所建立大队或中队,中队下设小队。

1.小队:由5—13人组成,设正副小队长。

2.中队:由两个以上的小队组成,成立中队委员会,由3—7人组成。

3.大队:由两个以上的中队组成,成立大队委员会,由7—13人组成。

少先队大队委员会是学校少先队组织的最高领导和决策机构。大队委员会的基本职责是:负责制订大队工作计划,组织大队活动,讨论大队工作,领导各中队的工作等。少先队大队委员会在学校接受校党支部的领导,并受党支部委托的共青团团支部的直接领导,在大队辅导员的指导下,完成具体工作和组织开展教育活动。

小队长和中队、大队委员会都由队员选举产生。每半年或一年选举一次。

(三)少先队代表大会

少先队代表大会,是少先队大队或大队以上的组织机构召开的,由队员代表为主体参加的、反映少先队员意志和愿望的会议,简称"少代会"。少先队代表大会是同级队组织的最高权力机构,它有商讨、决定一个时期队内重大事务,监督各级少先队组织工作,选举产生队工作领导委员会的重要职能。学校少代会一般每年召开一次。少代会闭会期间,队的常规工作由各级少工委负责。

(四)少先队辅导员

少先队辅导员一般由班主任兼任,也可由共青团选派优秀团员或聘请校外思想进步、作风正派、知识丰富、关爱儿童的教师以及各条战线的先进人物来担任。少先队辅导员帮助中队或大队委员会开展工作、组织活动。2005年6月通过的第五次全国少代会《少先队辅导员工作纲要(试行)》中强调,少先队辅导员必须按照党的要求,在共青团的直接领导下,依托少先队组织,通过少先队活动,把少年儿童培养成中国特色社会主义事业合格建设者和接班人。

根据《少先队辅导员工作纲要(试行)》要求,少先队辅导员工作的主要任务包括以下几方面。

1.团结教育少年儿童。吸收全体适龄少年儿童加入组织中,帮助他们学习和继承少先队的好思想、好作风,爱祖国、爱人民、爱劳动、爱科学、爱护公共财物,努力学习、锻炼身体、参与实践、培养能力,立志为建设中国特色社会主义贡献力量。

2.代表和组织少年儿童参与社会生活。通过多种合法途径,代表少年儿童参与国家的政治生活、经济生活和文化生活,表达少年儿童意愿。

3.维护少年儿童合法权益。努力满足少年儿童成长的多种需求,依法维护少年儿童的合法权益。

五、少先队的任务

少先队组织的基本任务是按照党的要求,在共青团的直接领导下,团结教育少年儿童,继承党的优良传统和作风,勤奋学习、锻炼身体,培养爱祖国、爱人民、爱劳动、爱科学、爱社会主义的好品德和诚实、勇敢、活泼、团结的好作风,使少年儿童在德智体美劳等方面得到全面、和谐的发展,成为中国特色社会主义事业的合格建设者和接班人。

(一)团结教育少年儿童

《中国少年先锋队章程》中规定,凡是6—14岁的少年儿童,愿意参加少先队,愿意遵守队章,向所在学校少先队组织提出申请,达到入队要求后,经批准,就成为队员。把全体适龄少年儿童吸收到少先队组织中,是为了帮助他们学习和继承少先队的好思想、好作风，对他们进行爱祖国、爱人民、爱劳动、爱科学、爱护公共财物的教育，引导广大少先队员刻苦学习、锻炼身体，参与实践，培养能力，立志为建设中国特色社会主义贡献自己的力量。

（二）代表和组织少年儿童参与社会生活

少先队是少年儿童自己的组织。各级少先队组织可以通过多种合法途径，代表少年儿童参与国家的政治生活、经济生活和文化生活，表达少年儿童的意愿。

（三）维护少年儿童合法权益

各级少先队组织要依法维护少年儿童的合法权益不受侵害，同时努力满足少年儿童成长的多种需求，为广大少年儿童的健康发展保驾护航。

班级作为少年儿童的学习组织，主要功能是开展教育教学活动，其目的是把小学生培养成为合格的公民服务者；而平行的少先队组织，其目的则是把少年儿童培养成共产主义事业的接班人。

第二节　中队辅导员职责

少先队中队是少先队生活的基本单位，是少先队组织最关键的支撑层级。学校少先队贯彻落实上级组织的要求，开展具体工作主要依托中队进行。在小学，中队一般建立在教学班上。一个教学班，就是一个中队，中队辅导员通常由班主任兼任。班主任作为中队辅导员的角色，主要是通过组织少先队的各项活动，发挥少先队组织特有的教育作用。

一、少先队辅导员的职责

少先队辅导员和少先队工作者按照党的要求，在共青团的直接领导下，依托少先队组织，通过少先队活动，把少年儿童培养成中国特色社会主义事业合格的建设者和接班人。少先队辅导员在学校行政和团组织的领导下，负责少先队工作，协助学校大队部抓好学生的思想教育工作。具体要完成以下几方面的工作。

第一，在上级团组织、少工委和学校的领导下，协助学校德育部门抓好学生思想品德教育工作，通过开展丰富多彩的少先队活动，使少先队员逐步成长为德智体美劳全面发展的、有理想、有道德、有文化、有纪律的共产主义事业接班人。

第二，加强少先队的组织建设，抓好队风、队纪教育，认真做好教育、总结、奖励等工作。

第三,随时了解少先队员的思想、学习、健康和生活等情况,充分利用节假日、纪念日开展各类有意义的少先队活动,组织少先队员积极参与社区文明建设活动和志愿活动、公益活动,培养服务意识,加强校外德育实践基地的建设,丰富少先队生活。

第四,少先队档案收集工作,做好少先队活动对外宣传工作。

第五,及时表扬组织里的好人好事,树立身边的榜样,定期开展评优选优工作,引导每一名少先队员真正做到"诚实、勇敢、活泼、团结"。

第六,认真做好推荐优秀少先队员工作。

二、少先队工作的基本内容

根据小学少先队组织的任务,小学中队辅导员的职责主要包括少先队组织教育和少先队活动指导。

(一)少先队的组织教育[①]

少先队组织教育的内涵极其丰富,核心内容和要求是要培养少先队员的组织意识、组织观念、组织情感以及服务组织的能力。《中国少年先锋队章程》是少先队组织教育的基本依据。

1. 少先队与党、团组织关系的教育

少先队是由中国共产党创立并领导的,中国共产党委托共青团直接领导少先队。少先队是建设社会主义和共产主义的预备队,少先队事业是党的事业的重要组成部分。

2. 少先队的性质、任务的教育

少先队组织的基本任务是按照党的要求,在共青团的直接领导下,团结教育少年儿童,继承党的优良传统和作风,勤奋学习,锻炼身体,培养爱祖国、爱人民、爱劳动、爱科学、爱社会主义的好品德和诚实、勇敢、活泼、团结的好作风,使少年儿童在德智体美劳诸方面得到全面、和谐发展,成为中国特色社会主义事业的合格建设者和接班人。

3. 少先队的历史的教育

1949年10月13日,中国共产党委托共青团组织建立了全国统一的组织——中国少年儿童队。1953年6月,共青团第二次全国代表大会决定将中国少年儿童队的名称

---

① 张艳芬,王颖.小学班主任工作原理与实践[M].北京:北京师范大学出版社,2016:219.

改为"中国少年先锋队",并于1954年6月1日正式公布了《中国少年先锋队队章》。2005年6月3日,中国少年先锋队第五次全国代表大会通过了《中国少年先锋队队章》,而现行的《中国少年先锋队章程》是经中国少年先锋队第八次全国代表大会部分修改,于2020年7月24日通过。

4.少先队的基本知识的教育[①]

(1)队名。中国少年先锋队是以"先锋"命名的。"先锋"具有强烈的象征意义,激励和教育作用。

(2)队旗、队徽。少先队的队旗是五角星加火炬的红旗,五角星代表中国共产党的领导,火炬象征光明,红旗象征革命胜利;五角星加火炬和写有"中国少先队"的红色绶带组成少先队的队徽。少先队组织在举行队会及各种重大活动时都要履行出旗和退旗仪式,少先队的代表大会及其他宣传、活动阵地等都应悬挂队徽。

(3)红领巾。少先队员的标志是红领巾,其含义是:党以红旗的一角作为少先队员的标志,就是要队员懂得今日的幸福生活来之不易,它是革命先辈用鲜血换来的。要教育少先队员尊重和爱护红领巾,规范佩戴红领巾,立志为它增添新的荣誉。新队员入队宣誓时,少先队组织要举行隆重的授红领巾仪式。正确佩戴红领巾的方法是:领巾披在肩、左边压右边、右边绕一圈、小角圈中过、两角拉拉紧。

(4)队礼。中国少先队的队礼——右手五指并拢,经前胸举至头顶约一拳处,成45度,掌心向下,高举头上。其含义是"人民的利益高于一切"。要让广大少先队员知道:少先队是党的接班人,是社会主义建设的预备队,理所当然也应该把"人民的利益高于一切"作为终生的信念和行动准则。敬队礼时,神情要庄重、严肃,动作要标准。

(5)呼号。呼号是中国少先队特有的仪式。少先队的呼号为领呼:"准备着:为共产主义事业而奋斗!"回答:"时刻准备着!"第一句领呼:"准备着:为共产主义事业而奋斗!"表明了少先队组织的远大理想和奋斗目标。第二句回答是:"时刻准备着!"表达了少先队员的决心与行动,也是党和人民对少先队员的殷切期望。全体队员呼号时,右手握拳举起于右肩上方,约与右耳平行,拳心向左前方,齐声回答"时刻准备着!"态度要严肃,声音要洪亮。

5.少先队的组织制度的教育

少先队组织是具有鲜明少年儿童特点的群众团体,它是少年儿童学习先进的群团组织。这一属性决定了我们是要把少年儿童"组织起来受教育",而不是"教育好了再组织"。

[①] 张艳芬,王颖.小学班主任工作原理与实践[M].北京:北京师范大学出版社,2016:220.

民主与集体、自由与纪律是少先队组织教育的重要内容,对于增强队员的组织观念,实现队内民主,发挥组织功能,提高组织教育水平有着十分重要的作用。队的作风是:诚实、勇敢、活泼、团结。

6.少先队的组织纪律的教育

少先队组织是一个有着严密纪律的组织,纪律是组织生存和发展的重要保证。《中国少年先锋队章程》要求:每个队员都要遵守纪律,服从队的决议,积极参加队的活动,做好队交给的工作,热心为大家服务。少先队的组织原则是民主集中制。在强调尊重基层组织的民主权利,发挥队员自主精神的同时,少先队又强调个人服从组织,少数服从多数,下级服从上级,维护队组织的权威,加强全队的团结。

7.少先队员的权利及义务的教育

《中国少年先锋队章程》中规定,队员是少先队组织的主人,在队里都有选举权和被选举权,可以对队的工作和队的活动提出意见和要求。队组织要下力气营造民主氛围,真正发挥队员的主体作用,在队内实行民主,让队员当家作主,在辅导员的指导和帮助下,自己选举队长、制订计划、开展活动、管理阵地、办理事情、帮助同学、执行纪律、建设集体,学会自己管理自己,自己教育自己,学会独立思考,独立工作,锻炼自主、自治的能力,做少先队组织的主人。

(二)少先队活动指导

开展主题鲜明、丰富多彩、具有教育性和知识性的少先队活动,是少先队团结教育少年儿童的主要途径和方式,也是少先队工作充满生机与活力的源泉。[1]新中国成立以来,少先队开展的各类教育实践活动,在引导广大少年儿童树立远大理想、形成坚定信念、提升综合素质等方面发挥了不可替代的作用。

1.少先队活动的特点[2]

(1)教育性。少先队是党委托共青团直接领导的中国少年儿童的群团组织,它的各类活动都体现了对少先队员的教育和引导。组织教育性是少先队活动的根本特性。

(2)自主性。少先队员是少先队组织的主人,也是少先队活动的主人。少先队员可以在辅导员的指导和帮助下,自己选主题、做方案、策划和组织活动,通过参与活动的全过程,获得真实体验,实现自我教育和组织教育。

---

[1] 邓艳红.小学班级管理[M].3版.上海:华东师范大学出版社,2022:180.
[2] 张艳芬,王颖.小学班主任工作原理与实践[M].北京:北京师范大学出版社,2016:220.

（3）实践性。少先队要培养全面发展的人，就要把少先队活动与生产劳动、社会活动和先进科学技术相结合，为队员的全面发展创造条件。开展少先队活动，必须打破局限在学校教室里搞活动的局面，引导队员走出校园、走出家庭，去与大自然亲密接触，去观察和体验社会生活，去接触先进科学技术，去参加力所能及的社会实践活动和公益活动，在实践中受到教育和锻炼。实践是少先队活动的基本途径。

（4）娱乐性。爱玩好动、喜爱游戏是少年儿童的天性，少先队的活动要突出"以人为本"的理念，尊重少年儿童的快乐天性，为队员创设"快乐生活"，而娱乐是快乐生活的基本内容。

（5）创造性。1949年10月颁布的《中国少年儿童队章程草案》中明确提出，培养"创造精神"。"创造"是少先队的一面光荣的旗帜，创造性是少先队活动的特性。1955年3月，胡耀邦同志在第三次全国少年儿童工作会议上提出，少先队员"应该是朝气蓬勃，不怕困难，乐观而富于创造性的人"。1984年7月，邓颖超同志代表党中央在第一次全国少代会上致辞，提出"树立创造的志向""培养创造的才干""开展创造性活动"。

2.少先队活动及其课程化

少先队活动是以队员为主体的少先队组织活动，是少先队教育和自我教育的基本手段和方法。少先队的组织教育、民主教育、集体教育等都需要通过少先队活动来实现。

2012年9月发布的《教育部关于加强中小学少先队活动的通知》中明确规定，少先队活动要作为国家规定的必修的活动课，小学一年级至初中二年级每周安排一课时。要充分尊重少年儿童的主体地位，遵循少年儿童的年龄特点，认真把握少年儿童的情感、意识、信念形成的基本规律，将少先队活动与学校其他教育教学活动有机结合，要精选与少年儿童学习、生活经验密切相关的教育内容，采取少年儿童易于接受的方式，组织开展丰富多彩的实践性、体验性活动，努力增强少先队活动的吸引力和实效性。

2013年3月，全国少工委出台《少先队活动课指导纲要（试行）》，对少先队活动课的性质、目标与内容、课的形式、实施要求、评价、管理与保障以及分年级活动建议进行了全面阐述。这标志着少先队活动正式"课程化"，成为中小学"活动课程"的重要组成部分。

2014年，习近平总书记在"六一"讲话中强调，少先队要坚持开展组织教育、自主教育、实践活动，把广大少年儿童团结好、教育好、带领好。

2015年9月,全国少工委组织在充分吸收各方面意见建议的基础上,组织修订并印发了《少先队活动课程指导纲要(试行)》(简称《指导纲要(2015)》)。

2021年12月,全国少工委下发《少先队活动课程指导纲要(2021年版)》,更加全面、详细、系统,进一步加强了对于少先队活动的指导性。全国少工委在印发《少先队活动课程指导纲要(试行)》的同时,还发布了《少先队活动课程基本内容》《少先队活动课程分年级实施参考》两个附件,对少先队活动课程的四大教育模块及其基本内容以及各年级活动主题、活动目标、活动内容、活动建议和评价激励提出了详细指导方案。

3.少先队活动的内容[①]

少先队章程是少先队活动教育的根本依据。1980年,邓小平同志为《中国少年报》和《辅导员》题词:"希望全国的小朋友,立志做有理想、有道德、有知识、有体力的人,立志为人民作贡献,为祖国作贡献,为人类作贡献。"也为我国的少先队活动的教育内容指明了方向。少先队的活动内容可以分为以下几方面。

(1)爱祖国、学先锋。党的十八大以来,以习近平总书记为代表的国家领导人高度重视少先队工作,多次强调要重视中小学阶段未成年人的思想道德建设,在2015年,重新修订的《中小学生守则(2015年修订)》第一条就是"爱党爱国爱人民"。从规范的角度提出爱国的要求,指出教育的根本任务是"立德树人"。因此,少先队活动要紧密围绕爱国主义教育、革命历史教育、革命先烈的先进事迹等内容,让当代的少先队员了解党史国情,培养爱党爱国情怀。同时,要引领少先队员学会正确"追星",做到"从小学先锋,长大当先锋"。

(2)爱人民、讲文明。少先队员都明白队礼的意义,"人民的利益高于一切"是社会主义道德的最高准则,历史是人民创造的。通过少先队活动,培养少先队员的公民意识,引导他们逐步做到心中有他人、心中有集体、心中有人民,培养他们孝敬父母、尊敬师长、关心关爱弱势群体、诚实守信、遵纪守法、文明礼貌、助人为乐的良好行为习惯。

(3)爱科学、好学习。教育少先队员把自己的学习与中华民族伟大复兴事业联系起来,以端正的态度学习科学文化知识;锻炼少先队员持之以恒、迎难而上的意志品格;帮助不同的学生掌握不同的学习方法;培养少先队员的观察力、想象力、独立思考能力和实践探究能力,培养他们的创新思维和创新能力;引导少先队员从小养成良好的学习习惯、文明礼仪习惯和生活习惯,帮助少先队员学习掌握先进的科技文化知识,激发学习兴趣,养成良好的阅读习惯。通过开展各种形式的活动,培养少先队员的严谨态度和科学精神,引导少先队员用发展的眼光看待周围事物,掌握一定的分析问题和解决问题的能力。

---

① 张艳芬,王颖.小学班主任工作原理与实践[M].北京:北京师范大学出版社,2016:222.

(4)爱劳动、讲公德。教育少先队员从小树立正确的劳动观念,具备一定的劳动能力,积极参加力所能及的自我服务性劳动、集体劳动和公益劳动,培养劳动习惯;引导学生学习简单的劳动技能,以做社会主义的劳动者为荣;教育少先队员尊重劳动者,学习普通劳动人民的优秀品质;培养队员珍惜劳动成果,爱护公共财物,养成勤俭节约的好习惯。

(5)爱锻炼、强身体。落实每天"阳光体育一小时"活动,培养锻炼身体的习惯,学习科学的锻炼方法,提高少先队员锻炼身体、讲究卫生的意识。通过各种体育活动和体育比赛,培养他们不怕困难、不畏挫折的坚强意志。教育少先队员养成坚持锻炼身体、讲究卫生的好习惯。

(6)爱组织、担责任。教育少先队员懂得由革命先烈鲜血染成的红旗一角所做的红领巾的意义,以实际行动珍惜红领巾的荣誉。培养少先队员热爱少先队的组织,增强少先队员的荣誉感和责任心。引导少先队员的集体舆论,建设团结友爱、民主自立、奋发向上的少先队优秀集体。重视培养和发展队员自我教育的意识和能力,让他们逐步学会运用民主的方法,自己管理和教育自己,做自己的主人。培养"诚实、勇敢、活泼、团结"的少先队作风。

4. 少先队活动指导的原则[①]

(1)自主性与指导性相结合。一方面,少先队活动是少年儿童自己的活动,少先队员是活动的主人。从活动的设计到活动的组织与实施,要尊重广大少先队员的意愿,充分调动他们参与活动的积极性和主动性,让少先队员在活动中逐步学会自我管理,实现集体教育与自我教育;另一方面,辅导员要引导少先队及其队员的发展,对活动给予必要的支持、参谋,提供服务。

(2)严肃性与趣味性相结合。一方面,少先队活动是有组织、有纪律、有目标的集体活动,必须根据少先队组织生活的规范性开展活动,不可太随意;另一方面,要考虑到活动的主体是6—14岁的少年儿童,活动应生动、活泼、有趣,符合少先队员的年龄特点与认知规律。

(3)统一性与灵活性相结合。少先队活动是小学生的经常性活动,一般根据时间节点,学校会对活动主题进行统一安排,以增强活动效果;同时各中队辅导员要注意,根据自己所在中队学生的年龄特点和思想实际,引导少先队员设计符合自己中队的活动形式,激发兴趣以保证活动的效果。

[①] 邓艳红.小学班级管理[M].3版.上海:华东师范大学出版社,2022:181-182.

思考练习

一、名词解释题

少先队　少先队代表大会　少先队辅导员　少先队活动

二、简答题

1.少先队的基本特征是什么?

2.少先队的主要任务有哪些?

3.少先队辅导员的工作职责有哪些?

4.小学少先队工作的基本内容有哪些?

5.小学少先队活动的特点有哪些?

6.小学少先队活动指导的基本原则有哪些?

三、实践探究题

1.实际调查当地某小学,了解该校少先队活动的开展情况。

2.结合实际调查经历,设计一份小学少先队活动实施方案。

第九章　小学班级管理评价

》 学习目标

1. 理解小学班级管理评价的概念、功能、分类。
2. 理解与掌握小学班级管理评价的内容。
3. 熟悉并能设计小学班级管理的评价指标。
4. 理解小学班级管理评价的原则和方法。
5. 熟悉并能设计小学班级管理评价的操作流程。

　　持续深化教育系统评价改革一直是党和政府关心、群众关切、社会关注的问题。2020年10月，中共中央、国务院印发的《深化新时代教育评价改革总体方案》中指出，义务教育学校重点评价促进学生全面发展、保障学生平等权益、引领教师专业发展、提升教育教学水平、营造和谐育人环境、建设现代学校制度以及学业负担、社会满意度等情况。班级管理评价作为义务教育学校教育评价工作的重要内容，是对班级管理活动的系统评价，以便及时发现与解决存在的问题，推动学校教育发展。小学班级管理评价应坚持把立德树人成效作为根本标准，注重学生全面发展，引领教师专业成长，提升教育教学质量。班主任作为小学班级管理评价工作的领导者和实施者，应深刻认识班级管理评价的重要意义，从学校和学生发展实际出发，遵循学校教育评价的基本规律，运用科学的评价标准和方法，规范有效地开展班级管理评价工作。

第一节　小学班级管理评价概述

小学班级管理评价是小学班级管理工作中的重要环节，对于引导班级管理工作的调整、改进等具有重要意义。班主任作为小学班级管理工作的策划者、实施者与评价者，需理解班级管理评价的基本内容，包括班级管理评价的定义、功能与类别。

一、小学班级管理评价的概念

小学班级管理评价是教育评价的重要组成部分，是指在小学教育实践中，班级管理者依据确定的班级管理目标，采用相应的技术与方法，对班级管理工作的活动、过程与结果等做出价值判断的过程，其目的是提高班级管理成效，实现班级管理的增值。[1][2]

理解小学班级管理评价的定义，需要注意以下三点。

第一，小学班级管理评价是一种价值判断活动，是根据一定的价值标准，在班级管理客观事实判断的基础上，对班级管理的价值做出判断。价值判断是以班级管理工作满足社会和个体的需要为准则，涉及价值主体（学生、班主任等）和价值客体（班级管理工作），本质是价值主体需要与客体属性间现实关系的反映。

第二，小学班级管理评价是一个动态的过程，是以班级管理目标为出发点，认识班级管理工作现实的（或潜在的）价值需要，并力求作出全面的判断，是对班级管理现象复杂地、动态地、系统地考察与判断过程。

第三，小学班级管理评价涉及的基本要素有评价者（评价主体）、评价对象（评价客体）和评价工具等[3]，评价者是多元的，如学校领导、班主任和任课教师等；评价对象是多方面的，如班级管理过程、要素与结果等；评价工具是多领域的，涉及评价的方法、技术与手段等，根据评价领域不同表现出一定的差异性。

二、小学班级管理评价的功能

小学班级管理评价的功能是指这种评价活动所能发挥的作用与影响，主要表现在以下五方面。

---

[1] 付学成,吕炳君.班级管理的理论与实践[M].北京:北京师范大学出版社,2016:223.
[2] 曹长德.当代班级管理引论[M].2版.合肥:中国科学技术大学出版社,2010:237-238.
[3] 李学农.班级管理[M].3版.北京:高等教育出版社,2018:261.

(一)导向功能

导向,就是指引方向,引领发展。小学班级管理评价工作中对评价对象的价值判断都是基于一定的评价标准而进行的。评价标准在评价过程中发挥着导向作用,有什么样的评价标准,评价对象就会向什么方向做出努力;有什么样的评价指标与内容,评价对象就会聚焦什么样的领域和项目,评价标准像"指挥棒"一样引领评价工作的目标方向、内容项目、重点难点等,影响着班级管理工作的具体进展与最终成效。

(二)诊断功能

诊断,就是发现问题,判断病情。在小学班级管理评价工作中,应对收集到的评价资料进行整理分析,发现评价对象的现实状态与存在问题,明晰班级管理工作取得的成绩与不足,如同医生给病人看病一样。通过评价来引导班级管理者发现班级组织运行中的焦点、难点与现存问题,寻求现存问题发生的原因与影响因素,为促进班级组织的良性运行,班级管理工作的持续改进提供针对性的指导。

(三)激励功能

激励,就是砥砺前行,励志奋进。在小学班级管理评价工作中,评价能够激发被评价者追逐目标的动机,增强继续奋进的信心,助力班级管理工作的良性进展。同时,每所学校、每个班级、每位老师和每名学生都有实现自身价值的需要,都有期望获得价值肯定的需求,这就要求评价者能够揭示评价对象活动或行为的达标情况,使其看到自身的成绩与差距,激励其全力以赴做好本职工作,创造出更大的教育成就。

(四)调控功能

调控,就是调节控制,调整完善。小学班级管理工作是一个需要不断调整、监督、控制的过程。这个过程需要通过评价来诊断出其中存在的主要问题,再把问题汇总后反馈给班级管理者,以促进班级管理者在管理目标、管理内容和管理方法等方面做出调整,完善不足之处。班级管理评价活动可以使班级管理目标、班级组织活动等更加符合学生的需求,使管理方法与实际行为更加规范、有效。

(五)发展功能

发展,就是不断变化进步,不断前进。小学班级管理工作的核心目标在于育人,根本追求在于实现小学生的身心和谐、健康发展。小学班级管理工作的过程也是教育的实施过程,是对小学生身心发展施加有目的、有计划、有组织影响的过程,是班级管理者引导每一名班级成员依托班级组织寻求发展的过程。班级管理评价的根本目的在于促进小学生的身心发展,通过班级管理评价活动来引领与帮助小学生不断地认识自我、发展自我和完善自我。

三、小学班级管理评价的分类

(一)诊断性评价、形成性评价和终结性评价

这是根据班级管理评价的功能、目的差异而进行的分类。

诊断性评价也称事先(前)评价,是指在小学班级管理活动开始前对班级管理工作的现状做出评价,其目的在于了解班级管理工作的基础与存在的问题,并探索解决问题的路径与方法。

形成性评价也称事中评价,是指在小学班级管理过程中对班级管理工作实施的进展与效果做出鉴定,从而修正和调整班级管理活动。形成性评价侧重班级管理工作的不断改进与完善,可以及时探寻影响班级管理工作进展的原因,以便采取措施予以修正,为班级管理工作后续改进做好准备。

终结性评价也称事后评价,是指小学班级管理活动告一段落时,对班级管理工作的最终结果做出鉴定,是对班级管理目标达成情况进行的评价。终结性评价侧重对班级管理工作完成效果与质量的评价,分析班级管理工作取得的成绩与存在的问题,为下一轮班级管理工作的开展提供参考借鉴。

(二)相对评价和绝对评价

这是根据班级管理评价的价值标准差异而进行的分类。

相对评价,也称常模参照评价或相互参照评价,是指在小学班级管理评价对象的集合(所处班级或学校等)中选择一个(或多个)为基准,然后把各个评价对象逐一和基准进行比较,从而确定集合中每名成员所处的相对位置,以达成对集合内个体进行评价的目的。相对评价依据评价对象的整体状态确定基准,其基准只适用于所选定的评价对象的集团,对于其他集团未必适用。同时评价结果只表示评价对象的相对位置,并不能表示其相对特定客观标准的达成情况。

绝对评价是指在小学班级管理评价对象的集合外预先确定一个基准,将评价对象与客观标准进行比较,判断其达成的情况并做出价值判断,主要适用于合格性和达标性活动。绝对评价只考虑评价对象应该达到的水平,而不考虑其在特定群体中的位置,通过评价可以让评价对象知晓自身与标准之间的差距,促进其改进问题,积极

上进;但评价的标准制定比较困难,容易受评价者的教育经验、主观偏见等因素影响。

(三)定量评价和定性评价

这是根据对评价资料的处理方法差异而进行的分类。

定量评价是指在小学班级管理评价中采用一定的数学(统计学)方法来处理收集的评价资料,并对评价对象做出定量结论的评价。定量评价具有客观化、标准化和精确化的特征,评价的结果客观、准确,便于明显区分评价对象。但定量评价只关注可测的品质与行为,忽视评价对象的个性差异,有时复杂的心理或行为是很难简单化为具体的数量来计算的。

定性评价是指在小学班级管理评价中,根据评价者对评价对象平时的表现、成长记录档案资料的分析,直接对评价对象做出定性结论的价值判断。[1]定性评价能够处理很多模糊的、难以量化的资料,多通过观察法、访谈法、作品分析法等获取评价资料。定性评价的评价结果有时较为笼统,灵活性大,难以精准把握。

(四)自我评价和他人评价

这是根据评价活动的参与主体差异而进行的分类。

自我评价,也称内部评价,是指在小学班级管理评价中,被评价者根据评价标准和具体指标对班级管理工作相关情况进行的评价。如班主任对班级管理工作的评价、教师对自身教学情况的评价等,被评价者同时又是评价者。这种评价比较容易开展,易于保护被评价者的自尊心,增强工作的自信心,但自我评价主观性较大,容易出现评价偏高或偏低的现象,难以进行横向比较。

他人评价,也称外部评价,是指在小学班级管理评价中,由被评价者之外的人对班级管理相关情况进行的评价,如校领导对教师、学生、班级的评价等。这种评价由第三方实施,其评价结果的科学性、有效性和客观性较强,便于引导被评价者看到自身差距并寻求努力方向,但评价组织工作较为复杂,耗费的时间和人力较多,不宜频繁使用。

第二节 小学班级管理评价的内容

要对小学班级的管理情况做出一个公正、科学、有效的评价,需要思考从哪些方面对班级管理工作进行评价,确定班级管理工作评价的具体内容。同时,需要结合班级管理目标与评价内容来设计相应的评价指标。

---

[1] 付学成,吕炳君.班级管理的理论与实践[M].北京:北京师范大学出版社,2016:231.

一、小学班级管理评价的内容

(一)班级管理计划

班级管理计划是班级管理工作开始前拟定的行动方案,是对班级管理目标、内容、方法等的整体安排,是组织、落实、协调、控制班级管理工作进展的依据。评价班级管理计划不仅有助于班主任客观、全面地认识班级管理工作,还有利于班主任根据评价反馈信息来调控计划的实施,提高班级管理工作的效率和效益。班级管理计划评价可以从班级管理目标的合理性、管理内容的可行性、管理方法的有效性等方面入手,通过班级管理目标、班级建设、班级组织活动等一级指标,分解出相对应的二级指标评价项目,每个评价项目根据评价等级的优、良、中、差来评分,分值范围可根据每个班的具体情况来划分,最终得出最后的得分。(表9-1)

表9-1 班级管理计划评价表[①]

一级指标	二级指标评价项目	评价等级 优	良	中	差	得分
班级管理目标	是否符合学校的教育目标					
	是否调查了班级的实际情况					
	是否掌握了班级管理工作的重难点					
	是否结合了学校的实际情况					
	是否考虑了学生的实际发展情况					
	是否体现了家长的意愿与需求					
	是否具体和可操作,具有实践意义					
班级建设	班级气氛是否活跃					
	学生是否积极主动地参与班级事务					
	班级规章制度是否合理全面					
	班干部队伍是否能以身作则,榜样示范					

---

① 付学成,吕炳君.班级管理的理论与实践[M].北京:北京师范大学出版社,2016:242.

续表

一级指标	二级指标	评价等级				得分
	评价项目	优	良	中	差	
班级建设	学生是否具有较强的集体荣誉感和责任感					
	学生之间的关系是否和谐融洽					
	对孤僻学生、顽皮学生等问题学生是否关心					
	教师与学生之间的关系是否融洽					
班级组织活动	是否能有目的、有组织、有计划地对学生进行形式多样、内容丰富的班级活动					
	是否建立了日常性班级活动的常规机制					
	是否积极组织学生参与全校性的活动,如运动会、文艺节等					
	是否开展过有特色的集体活动					
	是否对各种班级主题活动的日期、地点、流程等进行详细规定					
……	……					

(二)班级管理者

班级管理者是小学班级管理工作的策划者、实施者与评价者,既包括班主任等教师,又包括学生。传统的班级管理概念中教师被认为是班级管理者,而学生被认为是被管理者,这种观念是有失偏颇的。[1]小学班级管理评价实践中,小学生是否真正参与到班级管理工作当中来,这也是评价班级管理工作优劣的重要内容。班级管理者在班级工作中的作用可以从班主任基本素质、学生发展、班级中的人际关系等方面来评价。

1.班主任素质

班级管理工作中,班主任的素质时刻教育和影响着学生。班主任基本素质的评价可以从思想素质、智能素质和身心素质3个一级指标和相对应的12个二级指标入手,根据评价等级的优、良、中、差来评价。(表9-2)

---
[1] 张作岭,宋立华.班级管理[M].3版.北京:清华大学出版社,2019:241.

(1)思想素质。主要包括思想政治素养和师德素养,可以从班主任的思想政治理论水平、职业理解与认识、师德师风修养等方面进行评价。

(2)智能素质。主要包括从事班级管理工作所需要的专业知识和专业能力,可以从班主任的教育管理知识、学生发展知识、通识性知识以及评价学生需要的能力、沟通与合作能力、教育研究能力等方面进行评价。

(3)身心素质。主要包括身心发展状况,可以从身心调控能力、身心健康、卫生保健知识与能力、意志品质和性格特征等方面进行评价。

表9-2 班主任基本素养的评价表[①]

一级指标	二级指标评价项目	评价等级 优	评价等级 良	评价等级 中	评价等级 差	得分
思想素质	思想政治理论水平					
思想素质	职业理解与认识					
思想素质	师德师风修养					
智能素质	教育管理知识					
智能素质	学生发展知识					
智能素质	通识性知识					
智能素质	评价学生需要的能力					
智能素质	沟通与合作能力					
智能素质	教育研究能力					
身心素质	身心调控能力					
身心素质	身心健康、卫生保健知识与能力					
身心素质	意志品质和性格特征					

2.学生发展

促进小学生的全面、健康发展是小学班级管理工作的终极追求,小学生的发展状况也是班级管理工作评价的重要组成部分。小学生身心发展状况的评价可以立足于德智体美劳等方面的表现及发展水平。

---

① 张作岭,宋立华.班级管理[M].3版.北京:清华大学出版社,2019:247.

(1)德育效果。主要包括学生思想品德及格率、遵守学生行为规范情况、获得优秀表彰等。

(2)智育效果。主要包括学生学习习惯养成率、学习成绩巩固率、人均成绩提高率、学困生人数转化率、学优生人数提高率等。

(3)体育效果。主要包括学生体育课及格率、身体素质达标率、体育锻炼情况、个人卫生情况、身体健康情况等。

(4)美育效果。主要包括学生音乐课及格率、美术课及格率、审美意识与能力养成情况、文艺活动参与情况等。

(5)劳动技术教育效果。主要包括学生劳动技术课及格率、劳动观念与习惯养成情况、劳动能力发展状况等。

3.班级中的人际关系

班级中的人际关系涉及班主任与学校领导或管理部门老师的人际关系、班主任与任课教师的人际关系、班主任与小学生的人际关系、小学生之间的人际关系等。班级建设与发展是否得到学校领导、任课教师、小学生甚至学生家长等的理解与支持，是衡量班级管理工作质量的一个重要方面。

(三)班级管理工作进展

小学班级管理工作落实情况直接关系到班级管理计划的实施与班级管理目标的达成，关系到班级管理者的持续发展，是班级管理评价内容的主体部分。小学班级管理工作涉及班级日常管理、班级活动管理、班集体建设、班级文化管理、班级教育力量管理等内容。小学班级管理评价应聚焦在班级管理内容任务的落实进展状况，并基于班级管理目标来判断各项管理内容的达成情况。如班级日常管理评价需要关注小学生思想引导、学习常规管理、纪律管理、体育卫生与安全管理等工作落实情况；班级活动管理评价需要关注常规班级活动、课外活动、主题班级活动、实践性活动和心理辅导活动等工作开展情况；班集体建设评价需要关注班级管理机构建设、班级管理制度建设、班级舆论引导等工作实施情况；班级文化管理评价需要关注班级环境建设、班级成员精神文化引领等工作推行情况；班级教育力量管理评价需要关注班主任与校内、校外各种教育力量的沟通协调工作的进展情况等。

(四)班级特色

班级特色是某个班级显著区分于其他班级的风格与形式，是班级发展理念、班级文化、成员精神风貌等综合、集中的表现。班级管理特色不一定作为考察班级管理工作的必要条件,但是可以作为附加内容。[①]班级管理有特色、班级发展有特征、班级成员有特性等往往能说明班级管理者的发展理念与专业水平,对小学生的健康成长能起到重要的促进作用。

班级管理内容是小学班级管理评价不可或缺的核心要素。小学班级管理评价内容要素涉及班级管理计划、班级管理者、班级管理工作进展和班级管理特色等。班级管理内容千头万绪、烦琐众多,是班级管理工作需要处理的任务项目。在选择班级管理评价内容时不能面面俱到、求大求全,而应根据班级管理目标、学生发展特征和班级实际情况等灵活、合理、科学地选择。

二、小学班级管理评价的指标

小学班级管理评价的指标体系是指根据评价的目的,从班级管理目标、内容中分解出来的不同等级、不同层次、不同方面的因素群及其相应的指标权重和评价标准的集合体。小学班级管理评价的指标体系主要包括评价指标、指标权重、评价标准和评价工具四个方面,其设计的依据主要包括班级管理目标、班级管理内容、学生身心发展特征和班级实际情况等。设计班级管理评价的指标体系应遵循以下步骤。

(一)确定评价指标

首先,确定评价的目标与评价的对象。班级管理评价所依据的目标是学校教育目标及班级管理目标;班级管理评价总的对象是班级管理工作,具体的评价对象是对总的对象的分解,是班级管理工作的构成要素。

其次,运用结构分析法对评价所依据的目标进行分解,形成一个逻辑严谨、层次清晰、内容全面、条目简明的评价指标体系。制定出的指标要全面反映各方面情况,内容表述要清晰简明,具有可测性,且同级指标间要彼此独立,不能重叠包含,上下级指标间要相互依存,彼此联系。如依据学生全面发展的教育目标,将班级学生发展状况评价指标分解为德育效果、智育效果、体育效果、美育效果和劳动技术教育效果等,又可以将智育效果评价指标进一步分解、细化为学习习惯养成率、学习成绩巩固率、人均成绩提高率、学困生人数转化率、学优生人数提高率等项目,构建成学生发展状况的评价表。(见表9-3)

---

① 付学成,吕炳君.班级管理的理论与实践[M].北京:北京师范大学出版社,2016:253.

表9-3 学生发展状况的评价表[1]

一级指标	二级指标 评价项目	评价等级 优	良	中	差	得分
德育效果（25%）	思想品德课及格率					
	遵守学生行为规范情况					
	获得优秀表彰					
智育效果（25%）	学习习惯养成率					
	学习成绩巩固率					
	人均成绩提高率					
	学困生人数转化率					
	学优生人数提高率					
体育效果（20%）	体育课及格率					
	身体素质达标率					
	体育锻炼情况					
	个人卫生情况					
	身体健康情况					
美育效果（15%）	音乐课及格率					
	美术课及格率					
	审美意识与能力养成情况					
	文艺活动参与情况					
劳动技术教育效果（15%）	劳动技术课及格率					
	劳动观念与习惯养成情况					
	劳动能力发展状况					

---

[1] 张作岭,宋立华.班级管理[M].3版.北京:清华大学出版社,2019:248.

(二)分配指标权重

指标权重是指根据各项评价指标在评价体系中所占的重要性程度或各项指标在完成整体目标过程中的贡献程度赋予相应的值,这个数值就是对应指标的权重,确定权重的过程叫加权。目前,确定指标权重的方法主要有经验判定法、层次分析法、倍数加权法、对偶加权法等,其中经验判定法简便易行、准确可靠、时效性强,是权重分配常用的方法之一。经验判定法是指专家根据历史数据、自身经验和对各项评价指标重要性的认识,以及评定的目标导向对各项评价指标的权重进行合理分配,该方法虽操作容易,但主观性较强,使用此法时需要评价者和专家进行充分的讨论,平衡各种不同的意见,避免专断的行动。

(三)编制评价标准

评价标准是指衡量评价对象是否达到评价指标要求的"尺度"和"限制"。"尺度"用来衡量评价对象具体行为(或倾向)的发展水平,常用等级或量化分数表述,如用"优""良""中""差"表示四个评价等级;"限制"用来区分评价对象其不同的行为(或倾向),通常是指评价指标所表征的具体内容。班级管理评价标准一般具有可测性、可比性和可操作性等特点,主要包含班级管理者在一定时间内完成的工作量及工作成效,班级管理者所承担的职责及完成各项任务所需要具备的条件。

(四)设计评价工具

在制定出班级管理评价的指标体系和评价标准后,还可以根据评价目标、评价指标等来设计班级管理评价实践中使用的评价工具(观察记录表或调查问卷)。其中,可供评价使用的调查问卷,通常以评价指标体系为依据制成问卷题目,并以等级评定作为"标度",来评定评价对象的达标状况,可供观察使用的记录表,通常也以评价指标体系为依据制成观察项目,同样采用等级评定的方式来评定评价对象的达标情况。[1]

第三节 小学班级管理评价的实施

小学班级管理评价是班级管理工作的重要环节,对于班级管理工作的改进具有重要意义。小学班级管理工作能否落到实处、产生实效,取决于班级管理评价工作的具体实施状况。小学班级管理评价工作的顺利开展需要考虑小学班级管理评价的原则、小学班级管理评价的方法与操作流程等问题。

---

[1] 李学农.班级管理[M].3版.北京:高等教育出版社,2018:262.

一、小学班级管理评价的原则

小学班级管理评价的原则是班级管理评价活动中必须遵循的基本指导思想、原理、准则和要求,对于引导班级管理评价工作的改进,达成班级管理预期目标,助力小学生的健康成长等均具有重要作用。小学班级管理评价工作实施要具有科学性、针对性与实效性,必须遵循以下原则。

(一)导向性原则

导向性原则是指小学班级管理评价需有明确的方向来引领工作进展,减少工作实施的盲目性和随意性,增强工作效率和效益。班级管理评价实践中,基于班级管理目标而制定的评价指标体系就像"指挥棒"一样发挥导向作用,指明班级管理者的努力方向、工作重点和难点,引导班级管理者聚焦评价指标和标准来准备相应材料,便于评价者开展具体工作以及评价结果的及时反馈。需要注意的是,评价指标体系导向作用的发挥需要保障其指标内容必须与班级管理目标指向保持一致。

(二)系统性原则

系统性原则是指小学班级管理评价要立足于系统论视域,将班级管理工作视为由诸多彼此联系的要素构成的有机整体,并分析各要素落实情况及要素间关系等。班级管理评价实践中,尽可能全面了解学生在班级环境下的学习、生活、人际交往状况,班级组织、班级活动、班级文化、班级教育力量整合等对学生成长的教育影响,以及班级管理目标、内容、方法等与学生成长的相互关系,深入认识学生成长影响因素间的交互关系,增强班级管理评价工作的科学性和有效性。

(三)主体性原则

主体性原则是指小学班级管理评价要尊重学生的主体地位,调动学生参与班级管理评价的能动性,增强班级管理评价工作推进的动力和活力。班级管理的终极目标是促进学生的成长与发展,而在班级管理实践中,是否得到发展、发展到底怎样,只有小学生才最有话语权。班级管理评价工作应让小学生参与其中,了解评价的目的、指标内容,发表对班级管理工作的想法和意见,让班级管理评价工作走进课堂、走进学生、走进心灵,促进学生的健康、和谐发展。

(四)操作性原则

操作性原则是指小学班级管理评价中的评价指标设计、评价方法选择、评价程序安排等应该力求简要易行,具有操作性。小学班级管理评价是在班级管理目标导向下对班级管理工作要素、工作进展与结果的价值判断,其评价标准、评价内容、评价方法、评价程序等设计与选择一定要立足于学校教育目标、班级管理目标、学生身心发展特点及需要、班级实际状况等,让评价者与被评价者都能了解评价工作内容与要求、实施进展,促进班级管理评价工作的持续改进。

二、小学班级管理评价的方法

小学班级管理评价方法是指在班级管理评价过程中,评价者对评价对象实施操作所采取的工具、技术、手段和途径等,具体涉及评价指标体系的设计方法、评价资料的收集方法、评价资料的分析方法和价值判断的操作方法等,这里主要阐述后三类方法。

(一)评价资料的收集方法

收集评价资料是指收集汇总班级管理评价工作所需的信息、材料、档案等。小学班级管理评价工作中常用的收集资料的方法很多,有观察法、问卷调查法、访谈调查法、教育测验法、个案研究法、文献(文本)研究法、课例研究法、叙事研究法、作品分析法等。

这些方法中有的方法侧重于资料的量性收集,如问卷调查法、教育测验法等,有的方法侧重于资料的质性收集,如观察法、访谈调查法、个案研究法等。这些收集资料的方法并非孰优孰劣、非此即彼,而是各有其优势,也有其不足,需要评价者正确把握其优势与不足,熟悉其操作流程与注意事项,根据评价目的、评价对象特征等灵活选择、综合运用,达成对评价对象相关资料的收集与汇总。

(二)评价资料的分析方法

分析评价资料是指对所收集的资料进行编码、加工处理,发现其本质属性与内在规律,是进行价值判断的依据。分析评价资料的方法通常有定性分析法和定量分析法。

定性分析法是对收集并整理后能反映班级管理工作状况的文字资料,通过思维活动分析其性质特点、变化原因与过程、影响机制等的方法。定性分析一般操作流程包括资料审查、归类和编码、分析等步骤,可以借助一些资料分析工具包,如Citespace、Bicomb、Rost、Nvivo等,来辅助对文字资料的处理与分析。

定量分析法是指对收集并整理后能反映班级管理工作状况的数据资料进行量的

特征和变化趋势分析的方法。①定量分析一般操作流程包括数据整理与录入、数据分析、结果解读等步骤,可以借助数据分析工具包,如 Excel、Spss、Stata、Amos、Sas 等,来辅助对数据资料的处理与分析。

(三)价值判断的操作方法

价值判断是指评价主体依据一定的评价标准对评价对象有无价值、有什么价值、有多大价值的判断。根据价值判断所选用价值标准的不同,价值判断的方法可以分为绝对评价法和相对评价法。

绝对评价法是指按照预先制定的班级管理目标为评价标准来评价每个对象的达标程度,其特点是在评价对象的学校(班级)之外确定一个参照的客观标准,在班级管理评价时把评价对象与客观标准进行比较,不需要考虑评价对象学校(班级)的整体状况。如在某学校内评优秀班集体,采用绝对评价法即依据班集体建设情况、班级成员学习情况(考试及格率、优秀率等)、班级成员获优情况(比赛获奖、其他荣誉)等客观标准来评定。

相对评价法是指以某一所学校内部所有班级管理工作的平均状况为标准(常模),评定每个班级管理工作状况在全校所有班级管理工作中的相对位置。其特点是以评价对象所在学校的整体平均水平作为参照标准,判断评价对象和常模的差距,高出则为合格,低于则为不合格。评价结果只能反映评价对象在特定学校的相对位置,缺乏延伸性,也不能表明其是否达到了特定的客观标准。如在某学校,某班主任的心理辅导工作很出色,能反映学校心理辅导的整体水平,可以作为评价参照标准,采用相对评价法对其他班级心理辅导工作与评价参照标准进行比较,接近或超过参照标准(心理辅导工作状况)则可评定为工作优秀。

三、小学班级管理评价的操作流程

小学班级管理评价全过程可以分为准备、实施、总结三个基本阶段②,这是一个相对稳定有序、严谨易行的结构序列。

(一)准备阶段

准备阶段,也称预备阶段,小学班级管理评价成功与否、质量如何,很大程度上取决于评价前的准备工作,具体包括以下内容。

---

① 张作岭,宋立华.班级管理[M].3版.北京:清华大学出版社,2019:255.
② 张作岭,宋立华.班级管理[M].3版.北京:清华大学出版社,2019:256-257.

1.组织准备

小学班级管理评价的组织准备是指构建评价工作的组织机构,制定评价工作的制度规范,保障评价活动规范化开展。首先,建立专门的评价领导机构和评价工作组,组织人员应有权威性和专业性,熟悉教育学、心理学等方面专业知识,知晓教育与心理测量的原理和方法,同时组织人员要有一定的班主任教师、任课教师、学生代表,保障其人员构成的合理性和代表性。其次,针对评价人员开展职业伦理、专业知识和业务技能等培训,引导所有评价人员知晓评价的目的,熟悉评价的指标体系与内容,理解评价的方法与注意事项,保障评价活动能够规范化、科学化开展。

2.思想准备

小学班级管理评价的思想准备是指评价实施前,对被评价者(班主任、学生等)进行广泛、深入的舆论宣传、思想动员,引导被评价者能够深入认识与理解班级管理评价,调动其参与评价活动的积极性,全力配合与支持评价工作开展。

3.方案准备

小学班级管理评价的方案准备是指在评价开展前,评价者对整个评价过程、主要工作进行全面规划与合理安排,主要解决为什么评、谁来评、评什么和怎么评等问题,形成班级管理评价工作的实施方案。为什么评是要明晰评价的功能和意义,谁来评是确定评价者的构成,评什么是界定评价内容的主要来源,怎么评则是在评什么的基础上明确评价所用的方法,涉及资料收集与分析、价值判断等方法。设计班级管理评价方案的程序为:确定评价对象和目标,设计评价的指标体系,确定评价所用方法,明确评价活动的注意事项等。

(二)实施阶段

小学班级管理评价的实施阶段是整个评价过程的中心环节,是指评价者按照班级管理评价实施方案采取一定的操作,来收集、整理和分析能反映被评价者达标状况的信息资料,进而做出定性或定量的评价结论,实施阶段的主要工作如下。

1.收集评价资料

收集评价资料是指评价者依据评价指标体系,确定资料收集的范围与途径,并运用适宜、有效的方法全面、客观、真实地采集与评价对象相关的信息材料。

2.整理、分析评价资料

整理评价资料是指评价者对收集到的信息材料进行检查与分类。检查是考查与研究所收集信息材料的真实性、准确性和有效性,通过深入对比分析来实事求是、去伪存真。分类是根据评价资料的性质、特征,将相同(或相近)的资料归为一类,相异(或差异)的资料区分开来。

分析评价资料是指对检查分类后的资料按其性质进行量性分析和质性分析,量性分析是针对反映班级管理工作状况的数据资料进行量的特征和变化趋势的分析,质性分析是针对反映班级管理工作状况的文字资料,通过思维活动揭示其性质特点、变化原因与过程、影响机制等的分析。

3.提炼评价结论

提炼评价结论是指对所收集评价资料的分析结果进一步提炼、概括,形成概括性强、迁移性广的认识。评价结论不同于评价结果,应是对班级管理工作达标程度、存在问题与不足的评定与定性。

4.撰写评价报告

撰写评价报告是指以书面的形式对整个评价工作进行概括与总结,评价报告一般应该包括评价对象与目标、评价内容与方法、评价结论等内容。

(三)总结阶段

小学班级管理评价的总结阶段是整个评价过程的最终环节,是指对整个评价工作从准备到实施阶段的梳理与概括。通过对班级管理评价工作的总结来诊断问题、梳理经验、反馈信息、促其改进,使其充分发挥班级管理评价的功能。

案例 9-1

禄口小学文明班级考核方案[①]

一、指导思想

1.以《中共中央国务院关于进一步加强和改进未成年人思想道德建设的若干意见》和《小学生日常行为规范(修订)》等为评价依据,制定符合我校发展实际的德育管理评价制度。

2.以各个班级的常规管理为切入点,重点关注学生的养成教育,培养学生良好的行为习惯和学习习惯。

---

① 陈乐乐.禄口小学文明班级考核方案[EB/OL].[2015-09-04].http://lkxx.jnjy.net.cn/NewShow-7528.aspx.

3. 以"全员育人""全面育人""全程育人"为原则,落实过程评价与终结评价相结合,教师评价与学生评价相结合,突出德育评价的科学性和规范性。

二、评价标准与内容

1. 文明班级流动红旗评比(50%)

(1)以值日学生、值日教师、小志愿者社团为主要成员,每天一起检查班级的纪律、卫生、体育、大课间活动、午餐、放学路队等各方面情况,并按评分实施细则进行量性评分。

(2)检查结果由值日学生、值日教师、小志愿者社团三方汇总。各班对检查结果如有异议,可以找三位负责领导说明。不能找值日学生,更不能责怪值日学生。

(3)每周总结评比一次流动小红旗,每获得一面"文明班级"流动小红旗计3分,一学期最高累计不超过50分。

2. 班级文化建设评比(30%)

(1)班级文化布置每月更新一次,未完全更新的扣5分/次,一点没更新的当月不得分。

(2)班级文化布置包括白板、墙面、黑板报、植物角、图书角五项内容,每月检查评比一次,满分30分。学期末取月平均分计入班级总分。

3. 学校活动参与评比(20%)

(1)积极参加学校各项活动、按时完成各项任务的班级得8分。

(2)不能按时完成学校布置的各项活动任务的扣2分/次。

(3)无正当理由不参加学校升旗仪式、体育大课间活动、鼓号队、合唱队、文学社、田径队、航模队等各种活动和训练,分别扣2分/次。

(4)不按学校要求开好班队会,扣2分/次。

(5)按要求做好家校通工作,由信息技术室每月统计,未完成,扣2分/次。

4. 其他业绩加分

班级积极参加学校竞赛活动,获奖班级除受到学校公开表彰奖励外,其业绩还计入所在班级评比总分,具体方法如下:

(1)班级参加学校组织的团体比赛或活动,如校运会等:(一次)

级别	一等奖	二等奖	三等奖
加分	3	2	1

(2)班级参加上级部门组织的活动,如读书征文等:(一次)

级别	国家级	省级	市级	区级
加分	6	5	4	3

三、评价方法与注意事项

1.班级绩效考核将以每个班级的学期总分为依据,分年级考核。

2.以年级组为单位,根据考评得分评出学期"先进班级",每年级一个。班主任则为"优秀班主任",与"先进教师"享受同等待遇。

3.有下列情形之一的班级,将取消评选"先进班级"的资格。

(1)因管理不当而导致班级发生重大安全事故的。

(2)发生体罚和变相体罚学生并产生不良后果的。

(3)两次以上未完成学校、大队部规定的任务且不能说明合理原因的。

思考练习

一、名词解释题

班级管理评价　诊断性评价　相对评价　定性评价　班级特色

二、简答题

1.小学班级管理评价的主要功能有哪些?

2.小学班级管理评价的主要内容有哪些?

3.设计小学班级管理评价指标体系的基本步骤是什么?

4.小学班级管理评价的原则有哪些?

5.小学班级管理评价的操作程序是什么?

三、实践探究题

1.调研当地某小学校班级管理工作开展状况,设计一份班级管理工作评价的具体指标。

2.结合调查经历,设计一份某小学校班级管理评价工作方案。

参考文献

[1]郑航.班级管理与学生指导[M].北京:北京师范大学出版社,2011.

[2]李学农.班级管理[M].3版.北京:高等教育出版社,2018.

[3]郭毅.班级管理学[M].北京:人民教育出版社,2002.

[4]李江.小学班级管理[M].杭州:浙江大学出版社,2014.

[5]高谦民,黄正平.小学班主任[M].南京:南京师范大学出版社,1999.

[6]杨建华.班级管理学[M].西安:陕西师范大学出版总社有限公司,2012.

[7]张作岭,宋立华.班级管理[M].3版.北京:清华大学出版社,2019.

[8]齐学红.班级管理[M].北京:北京师范大学出版社,2015.

[9]梁钊华.班级管理与班主任工作的理论与实践[M].成都:西南交通大学出版社,2015.

[10]李伟胜.班级管理[M].上海:华东师范大学出版社,2010.

[11]段作章,刘月芳.德育与班级管理[M].南京:南京大学出版社,2014.

[12]韩东才,李委,王小棉,等.班主任基本功:班级管理的基本技能[M].广州:暨南大学出版社,2009.

[13]《现代管理词典》编委会.现代管理词典[M].2版.武汉:武汉大学出版社,2009.

[14]李明敏,李渭侠.班级管理原理与方法[M].北京:中国社会科学出版社,2017.

[15]何万国.现代班主任工作研究[M].成都:西南交通大学出版社,2009.

[16]邓艳红.小学班级管理[M].3版.上海:华东师范大学出版社,2022.

[17]魏书生.班主任工作漫谈[M].7版.桂林:漓江出版社,2014.

[18]杜威.民主主义与教育[M].王承绪,译.北京:人民教育出版社,1990.

[19]田恒平.班主任理论与实务[M].北京:首都师范大学出版社,2007.

[20]付学成,吕炳君.班级管理的理论与实践[M].北京:北京师范大学出版社,2016.

[21]庞云凤,王燕红.小学班级管理策略[M].济南:山东人民出版社,2014.

[22]马卡连柯.论共产主义教育[M].刘长松,杨慕之,译.北京:人民教育出版社,1955.

[23]曹荣誉,吴霞飞.小学班级管理[M].重庆:西南师范大学出版社,2019.

[24]陈宇.从合格班主任到优秀班主任[M].北京:中国人民大学出版社,2019.

[25]王金重.我这样做班主任[M].北京:中国言实出版社,2015.

[26]刘岩,王萍.班主任与班级管理[M].北京:北京师范大学出版社,2013.

[27]《少先队辞典》编委会.少先队辞典[M].北京:中国广播电视出版社,1992.

[28]张艳芬,王颖.小学班主任工作原理与实践[M].北京:北京师范大学出版社,2016.

[29]曹长德.当代班级管理引论[M].2版.合肥:中国科学技术大学出版社,2010.

[30]戴翠香.班级管理那些事儿[M].青岛:中国海洋大学出版社,2020.

[31]赵坡.班级管理实战指南[M].上海:华东师范大学出版社,2013.

[32]李秀萍.班主任工作的30个典型案例(小学篇)[M].上海:华东师范大学出版社,2014.

[33]李荣.班级管理中的智慧[M].青岛:中国海洋大学出版社,2021.

[34]谌启标,王晞,等.班级管理与班主任工作[M].福州:福建教育出版社,2007.

[35]罗越媚.班级管理理论与实践[M].2版.广州:暨南大学出版社,2022.

[36]陈宇.班级管理课:班主任专业技能提升教程[M].上海:华东师范大学出版社,2021.

[37]田希城.班级管理中的"经济学"[M].福州:福建教育出版社,2020.

[38]徐长江,刘迎春.班级管理实务[M].2版.北京:高等教育出版社,2021.

[39]赵福江.更好的班级管理智慧[M].上海:上海教育出版社,2021.

[40]卓月琴.班主任基本功修炼:情境模拟58例解析[M].上海:华东师范大学出版社,2022.

[41]闫学.跟苏霍姆林斯基学当班主任(修订版)[M].北京:教育科学出版社,2020.

[42]殷振洋.懂心理,带好班:班级心灵管理新理念[M].北京:教育科学出版社,2020.

[43]齐学红,袁子意.班主任工作十日谈 新手上路[M].北京:教育科学出版社,2015.

[44]丁如许.德育主任新方略(《中小学德育主任工作指导手册》修订版)[M].北京:中国轻工业出版社,2014.

[45]陈宇.班主任工作思维导图[M].北京:教育科学出版社,2019.

[46]熊华生.做一个老练的新班主任[M].北京:中国人民大学出版社,2014.

[47]汪媛.做一个家长喜欢的班主任[M].北京:中国人民大学出版社,2015.

[48]曾瑶.生命视野下的小学班级文化建设[D].长沙:湖南师范大学,2011.

[49]魏琳华.小学班主任班级管理活动的叙事研究[D].南昌:南昌大学,2015.

[50]金春兰.小学班集体建设的实践与研究[D].苏州:苏州大学,2010.

[51]查丽萱.小学班干部管理现状与对策研究:以沈阳市W小学四、五、六年级为例[D].沈阳:沈阳师范大学,2019.

[52]崔文.小学班集体建设的现状及对策研究:以青岛市某区为例[D].济南:山东师范大学,2013.

[53]王玲飞.从青涩到优秀:乡村小学班主任专业成长的叙事研究[D].贵阳:贵州师范大学,2022.

[54]耿溢佼.小学高年级学生班级自主管理现状研究[D].石河子:石河子大学,2022.

[55]顾忆春.小学新任班主任的工作适应问题及对策研究[D].上海:上海师范大学,2020.

[56]李赫.小学班主任班级情绪管理策略[D].哈尔滨:黑龙江大学,2019.

[57]范芮宁.小学班级自主管理研究[D].武汉:华中师范大学,2018.

[58]罗金香.走向自律:农村小学班级管理探析[D].长沙:湖南师范大学,2017.

[59]马倩姿.小学班级管理实施"导师制"研究[D].宁波:宁波大学,2018.

[60]熊淑珍.小学班级文化管理研究:以沈阳市泰山小学为例[D].沈阳:沈阳师范大学,2012.

[61]赵春娟.班级管理的伦理审视[D].济南:山东师范大学,2012.

[62]韩静.小学班级管理问题及对策研究[D].保定:河北大学,2013.

[63]傅丽.小学班主任工作中赏识教育的学理及实施策略研究[D].大连:辽宁师范大学,2014.

[64]孙艳侠.差异化管理视角下的中小学班级管理研究[D].淮北:淮北师范大学,2014.

[65]林洪.一名小学班主任班级管理活动的研究[D].济南:山东师范大学.2012.

[66]刘珊珊.小学班级管理研究[D].武汉:华中师范大学,2015.

[67]张玉红.小学班级管理的理念和策略[D].呼和浩特:内蒙古师范大学,2015.

[68]杨冬.小学班级管理的问题与对策研究:以北京市朝阳区A小学为例[D].保定:河北大学,2016.

[69]刘晓."三好学生"评选制度的存废之争与考量[J].中国教育学刊,2014(6):19-21.

[70]高锐.小学班级日常管理策略初探[J].中国教师,2016(32):160.

[71]曾文婕,卢婷婷,周婷.新世纪我国小学班级管理方法开发的现状与展望:基于2001—2010年《班主任》杂志的文献分析[J].教育科学研究,2011(10):40-45.

[72]石爱琴.新时代小学班主任的角色定位[J].甘肃教育,2020(5):32.

[73]胡麟祥.班集体的涵义、结构及教育功能:现代班集体建设系列讲话之二[J].中国德育,2007,2(3):71-73.

[74]陈红燕.班级管理研究述评[J].教学与管理,2004(31):25-28.

[75]李涵.班级管理模式创新与新型学习共同体构建[J].中国教育学刊,2013(4):41-43.

[76]海国华.积极建设班级文化构建学生精神家园[J].中国教育学刊,2008(8):25-27.

[77]余忠淑.小学班级管理中激励机制的构建[J].教学与管理,2012(35):11-12.

[78]赵荣辉.班级管理:从权威走向民主[J].当代教育科学,2015(2):11-14.

[79]黄文芳.班级规约:课堂管理有效性的诉求[J].教育理论与实践,2013,33(12):42-44.

[80]张林.小学班级管理的现状分析及改进对策[J].教学与管理,2017(3):80-82.

[81]齐学红.未来班级发展走向与班主任核心素养构建[J].教育科学研究,2017(2):19-21,30.